Taishukan
国語教育
ライブラリー

アレンジ自在

国語科
言語活動の
授業レシピ

笠原 美保子

大修館書店

はじめに

本書は、国語科の「指導事項」と「言語活動」とをどのように関連させて実施し、どのように評価するかということに焦点をあてた「授業レシピ集」です。

国語科は、人間がことばを使ってさまざまなことを行うための基礎体力をつける「実技科目」である、と筆者は考えています。ですから、教師が説明する時間よりも生徒が自己表現をする時間を、大切にするように心がけてきました。

しかし、ただ単に生徒に表現をさせるだけでは、国語の力を十分につけることにつながりません。

「生徒にこの活動をさせたことで、結局何の力がついたのか。」

「表現をさせることだけが目標になってしまっていないか。」

「もっと効果的な方法はなかったのか。」

筆者には、事後にこう自問するような失敗が多くありました。

そこで、こうした失敗を踏まえて、単元を計画する際に、その単元で指導したい事柄と、行わせる言語活動との関係や、その言語活動のどの面を見取って指導に生かすかを丁寧に考えるようにしました。そのようにして出来上がったのがこの「レシピ集」です。文中に「……なってしまわないように注意する。」などと書かれている部分は、筆者の失敗を踏まえたアドバイスであるとご理解ください。

筆者が授業計画を「レシピ」と呼ぶのには、二つの理由があります。

一つは、授業のアイデアを他人に伝えるには、料理のレシピと同じように材料（教材）・手順・時間の情報が必須であるからです。本書では特に、「基本のレシピ」と呼ぶ計画表の中で、一つ一つの活動にどの程度の時間がかかるかを示しています。

もう一つは、料理レシピが、家族の人数や好み、使う材料や調理器具によってアレンジされるものであるのと同じように、授業計画も一クラスの生徒の人数や志向、用意できる教材や教具によって変化させられるものであるからです。

筆者は公立高校教諭として、いろいろな学校に勤務しました。どの学校においても、生徒が一段上の到達度にジャンプできるような「ちょうどよい難しさ」が存在します。他者に提供された授業案に対して、教師が学習者の実態を踏まえて「○○の部分に支援を入れて、わかりやすくしたほうがよいな。」、あるいは「○○という条件を加えてもう少し難しくしよう。」と塩梅するのは、料理を甘口や辛口にアレンジする行為と類似性があります。

ですから、本書を、先生方が料理のレシピ本と同じように使い、自分の目の前にいる学習者向けに施したアレンジによって、それぞれの味を出していただきたいと考えています。また、国語科の指導内容は、螺旋的・反復的に繰り返しながら学習していくものですので、この本のレシピは、高校の授業だけではなく、中学校の授業にも十分アレンジ可能です。

第Ⅰ部の「理論編」では、「言語活動」を行う基盤となる考え方を示しました。レシピ本でいえば、「料理の基本」のような部分です。

第Ⅱ部の「実践編」では、意見文を書く、漢詩を創作する、作品を劇化するなどのさまざまな「言語活動」について、分単位で授業展開の例を示し、「評価」の方法について例示しています。さらに、学習者の実態や授業のねらいに応じて「辛口レシピ」「甘口レシピ」などのバリエーションを加えました。料理レシピ本と同じように、目次を見て、気になったところからお読みください。

この本を、授業づくりの助けとなる本がほしいと考える若い先生たち、指導方法をリニューアルしたいと考えるベテランの先生たち、そして授業づくりに興味をもつすべての方に捧げます。

笠原　美保子

目次

■第Ⅱ部　実践編

第I部

理論編

1　言語活動と指導事項との関係

国語科においては言語活動と指導事項との関係が複雑で、筆者はよく混乱します。

他教科においては、指導事項と言語活動との関係が明確です。さまざまな教科で、話合いやレポート作成などの言語活動が行われますが、その活動は教科の指導事項を学ぶ手段です。あるいは、小学校の体育の授業では、マット運動の練習中に、生徒がアドバイスを伝え合うという実践報告[1]があります。この場合も、アドバイスのことばを考えて、伝え合うという言語活動は、マット運動の基本的な回転技や倒立技という指導事項を学ぶための手段として行われます。

しかし、国語科の授業における言語活動と指導事項とは、そう簡単に区別できません。国語科が言語活動そのものを指導する教科だからです。国語科には指導事項としての「話すこと・聞くこと」「書くこと」「読むこと」があるとともに、言語活動としての「話すこと・聞くこと」「書くこと」「読むこと」があります。そして、行っている言語活動と指導事項とが必ずしもイコールではないのです。

そこで本節では、国語科における言語活動と指導事項との関係を整理します。

話合いをするだけでは「話すこと・聞くこと」の指導にならない

言語活動と指導事項との関係について、高等学校学習指導要領（平成三〇年告示）解説では、次のような例をあげて説明しています。

話合いの活動だからといって必ず「A話すこと・聞くこと」の領域の指導であるとは限らず、育成する資質・能力と言語活動との整合性を的確に見極める必要がある。[2]

このような説明は、話合いの活動＝「話すこと・聞くこと」の指導、と考える傾向が国語科教員にあるという実態を反映しています。

筆者もかつて、授業中に話合いを行わせるだけで、「話すこと・聞くこと」の指導を行っていると思っていました。それは、自分が高校時代に受けた国語の授業や、教科の先輩方が行っていた授業に話合いがほとんど見られなかったことに起因していたと思います。話合いを授業に取り入れるということだけで、十分「話すこと・聞くこと」の指導に踏み込んでいるように感じていたのです。しかし、そうではないのだ、と実感をもって説明できるようになったのは、つい最近のことのように思います。

たとえば、「和歌の解釈についてグループで話し合う」という活動について考えてみましょう。

生徒が「話合い」という「話すこと・聞くこと」の言語活動をしているので、その時「話すこと・聞くこと」の指導が行われているようにも見えます。

しかし、マット運動の練習中の「アドバイス」という言語活動が、マット運動の基本的な回転技や倒立技の指導であるのと同様に、和歌の解釈についての「話合い」は、和歌の解釈の指導、つまり「読むこと」の指導と考えたほうがよいようです。ここでの「話合い」は、「話合いの仕方」の指導としてよりも、「和歌の解釈の力」を伸ばす指導の手段として行われている面が大きいからです。

それでは逆に、話合いという言語活動はどのようなときに「話すこと・聞くこと」の領域の指導だといえるのでしょうか。私はその条件を次のように考えます。

・「話すこと・聞くこと」のどのような力を伸ばしたいかというビジョンがあること。
・「話すこと・聞くこと」の力を伸ばすための方策が意図的に計画されること。
・「これができたら一人前」というイメージをもとに、生徒の活動が評価できること。

これを言いかえると、話合いはこうするとうまく行く、というような気づきを得られるような方策が練られた授業、学習者が「話合いの仕方を教わった」と感じるような授業ということです。

話合いについての気づきを得られる方策とは、たとえば、話合いの進行の仕方や表現の仕方、結論の出し方などについて、参考になるモデルを得たり、効果的な方法を考えたりすることです。あるいは、自分たちが行った話合いを何らかの形で記録して、進行の仕方や結論の出し方を振り返って分析するようなことです。

もちろん、このような方策が練られなくても、話合いの活動をするだけで、学習者が自然に話合いの仕方を学習することはあるでしょう。ですから、「和歌の解釈についてグループで話し合う」という活動の中でも、話合いの仕方についての学びを得ることはあると思います。しかし、そうしたことは他の教科の授業、あるいは特別活動における話合いでも起こり得ることであり、国語科として計画的に指導したとはいえないでしょう。

ところで、この本を手に取ったあなたは、「話合いの仕方」を国語の授業で教わった経験があるでしょうか。あるとしたら、それは小学校・中学校・高等学校のうちのどの授業でしょうか。筆者は、「話合いの仕方」を小学校では学習した経験があります。主に「学級会」の作法を教わったように思います。中学校の国語の授業で「話合いの仕方」の指導があったかどうかは曖昧です。高等学校では、なかったとはっきり言えます。そして現在でも「話合いの仕方」の指導は高等学校国語科ではそれほどされていないのではないでしょうか。

話合いの仕方は、小中学校で十分指導されてきている、だから、高等学校では話合いの仕方の指導は必要なく、国語の授業でも、単に学びの手段として使うだけでよい。そういう考えが、高等学校の国語の教員にはあるかもしれません。しかし、目の前の高校生の話合いは、話合いの学習を十分に習得した姿でしょうか。話合いの仕方が小学校や中学校での既習事項に思えても、生徒の話合いの実態を踏まえて、高校生には、高校生なりの、話合い自体を学ぶ学習を一度はしておく必要があるように思います。そして、生徒たちが国語の授業のなかで学んだ「話合いの仕方」についての共通理解があれば、他の教科や教科外活動での話合いの質も高まると考えられます。

言語活動のはたらきを分類する

指導したい領域と、行う言語活動が一致しないことは、前にあげた「和歌の解釈」のように、とくに「読むこと」の領域を指導するときに多いようです。

このことについて、先にも引用した高等学校学習指導要領解説では、次のように述べています。

言語活動を行う際に留意すべきことは、あくまでも、その単元で育成しようとしている資質・能力を考えた場合に、どのような言語活動が適切であるかを考えた上で、活動を選定することである。特に国語を的確に理解する資質・能力を育成する「C読むこと」の領域の指導に当たっては、単に読ませるだけでは学習を深めたりそれを評価したりすることも難しくなるため、読むとともに、把握したり解釈したり考えたりしたことを表現する必要がある。[3]（傍線部は筆者による）

「読むこと」の学習を深めたり、評価したりするために、「話す・聞く」あるいは「書く」ことで表現することが必要であると説明しています。ここでは「読むこと」の指導のために、「読むこと」以外の言語活動が行われる目的として次の二つのことがあげられています。

・より深く「読むこと」を支援すること
・生徒の「読むこと」の力を可視化すること

このことについて、もう少し細かく、考えてみます。

後者の「読むこと」の力を可視化するという目的は、「読むこと」の力を記述試験という「書く」言語活動によって評価することが多いことからも、容易に理解できます。

一方、前者のより深く「読むこと」を支援するという目的は、さらに次の二種類に分けられるように思います。

・読んだことをもとに行う発表など、「読むこと」の原動力としての言語活動
・メモを書くなど、「読むこと」をより効果的に行うツールとしての言語活動

例えば実践編で紹介する「『鴻門の会』を演じる」（↓133ページ）は、「原動力としての言語活動」に位置づけられます。実生活において、読書はそれ自体のために行われるばかりでなく、何らかの目的をもって行われるものでもあります。「原動力としての言語活動」は、実生活の中で生徒が出会う「読むことの必然性」にあたるものといえます。

一方、「ツールとしての言語活動」とは、たとえば、第Ⅱ部の「読書習慣のためのレシピ」（↓197ペー

ジ）で紹介する、読みながら「ミニ本」をつくるような言語活動です。この言語活動は、「原動力としての言語活動」とは逆に、「読むこと」を目的として他の言語活動が行われるところに特徴があります。また、「原動力としての言語活動」や「ツールとしての言語活動」は、「読むこと」の力の可視化にも役立っています。

高木まさき氏は『国語科における言語活動の授業づくり入門』のなかで、

> 私たちは、ただ話したり聞いたり、ただ書いたり読んだりしているわけではありません。多くの場合、四つの言語活動の領域を自由に越境しつつ、つねに考えています。たとえば、話すことは、ただ話しているわけではなく、相手の表情を見ながら話の方向や内容を変えたり、相手の感想を聞いたりします。聞く場合も、ただ聞くだけでなく、聞きながら考え、考えたことを口に出したりします。書くことも、ただ書くという活動をしているわけではなく、書きながら考え、考えては読み返したりします。読むことも同じです。ただ書いてあることを受容しているわけではなく、納得したり否定したりしながら読み、その過程で考えたことをメモしたりしています。私たちは別々に「話す」「聞く」「書く」「読む」といった活動をしているわけではなく、考えながら受容と発信を繰り返し、繰り返しながらまた考える、そんなふうに言語活動をしています。[4]（傍線部は筆者による）

と述べています。氏の表現を借りると、「読むこと」を目的とした「受容と発信を繰り返」すなかで、言語活動の領域が「越境」されたものが「ツールとしての言語活動」といえるのではないでしょうか。

ここまで述べたように、国語科においては、指導事項と言語活動との関係が複雑であるため、単元の言語活動を考える際には、その言語活動が、指導事項とどのような関係があるのかを明確にする必要があります。

そこで、ここまで「読むこと」領域の指導のために行われる他の言語活動を整理するために考えてきた分類を、それ以外の領域にも適用し、本書第Ⅱ部で紹介する言語活動を次のように分類します。

A　その言語活動自体の力をつけるための言語活動
B　他の言語活動をより効果的に行うツールとしての言語活動
C　他の言語活動を学ぶ原動力としての言語活動

なお、これらの言語活動は、言語活動の力を可視化することと密接にかかわっているため、「その言語活動を可視化するための言語活動」という分類項目は特に立てないこととします。

復習される言語活動

ここまでで、国語科における言語活動と指導事項との関係を、大分整理できたように思います。しかし、まだ少し、もやもやしたものが残ります。それは、他の領域の指導のために行われる言語活動においても、その言語活動自体の指導が行われているのではないかということです。たとえば「和歌の解釈についてグループで話し合う」という活動では、たしかに指導の重点は文法や古語の知識を活用しながら、和歌に表現された内容や情緒を「読み取る」ことにあるでしょう。しかし、その話合いの前に、「和歌は多様な解釈の可能性を含むので、すぐに意見を収束させるのではなく、みんなの考えを広く受け入れるようにしてから、検討するようにしてください」と、指示を出したとします。これは、「進行の仕方や結論の出し方を考える」という「話すこと・聞くこと」の学びを促す指示だといえます。この指示を出した瞬間には、「話すこと・聞くこと」の学びが前面に出て、「和歌の解釈」がその手段として後方に退いているのです。

そう考えると、「和歌の解釈についてグループで話し合う」という活動は、「読むこと」と「話すこと・聞くこと」の両方を指導する活動ともいえそうです。

しかし、一つの活動を二つの領域の基準をもって評価することは煩雑です。教師が評価に振り回されることにもなりかねません。ですから、その言語活動が他の領域の指導の手段である側面が強い場合、その言語活動自体の指導は、「復習として行っている」と考えるのがよいように思います。

1　加藤尚大「体育授業における言語活動の質を高める指導の工夫　マット運動（3年生）の授業実践から」『教育実践研究　第二八集』上越教育大学　二〇一八年　一五一〜一五六頁。
2　「【国語編】高等学校学習指導要領（平成三〇年告示）解説」一〇七頁。
3　「【国語編】高等学校学習指導要領（平成三〇年告示）解説」一〇七頁。
4　高木まさき『国語科における言語活動の授業づくり入門』教育開発研究所　二〇一三年　一一〜一二頁。

2 「めあて」と「ねらい」の違い

前節において、国語科の授業では、行っている言語活動の領域と、指導している領域がイコールではない例があるという話をしました。ここからは、生徒が目指していることと、教員が意図することがイコールではないという話をします。

ここでは第Ⅱ部で紹介するレシピ「『鴻門の会』を演じる」を例にとって考えます。「『鴻門の会』を演じる」という単元で指導することは、漢文を〈読むこと〉です。そして、その〈読むこと〉を指導するために、授業では次ページの表のように、「話すこと・聞くこと」「書くこと」「読むこと」の言語活動が行われます。

この単元のなかで一番目立つ言語活動は「鴻門の会」を演じることであり、生徒も演じることを目指して学習を行っていきます。しかし、この単元で指導することは、漢文表現の中から、場面の展開や登場人物の心情を「読む」ことであり、「演じる」ことはそのための手段です。

ですから、生徒が演じることを目指して一生懸命になるのはよいのですが、教師の頭まで劇に占められて、演技のうまさや小道具の工夫ばかりを評価してしまうと、そこで行われていることは国語の授業から離れていってしまいます。

生徒がより上手に演技しようとする気持ちを、登場人物の心情をより深く「読む」ことに向けていく、それが国語科の教師の役割なのだと思います。つまり、生徒の意識が「演じる」という「話すこと・聞くこと」領域に向かっているときも、教師は身につけさせたい力である「読むこと」の領域から軸足を離してはいけないということです。

石井英真氏は、教師と生徒がそれぞれ目指すものを、

「ねらい」（教育目標）…単元・授業で生徒に習得させたい内容や育てたい能力やその到達点

「めあて」（学習目標）…生徒が意識するもの

「『鴻門の会』を演じる」の指導事項と言語活動

単元の指導事項（高等学校「古典探究」）	行う言語活動
・文章の種類を踏まえて、古典特有の表現に注意して内容を的確に捉えること。 A「読むこと」イ ・古典の文の成分の順序や照応、文章の構成や展開の仕方について理解を深めること。 「知識及び技能」（1）ウ	・教科書本文を読み、現代語訳する。―「読む」 ・『史記』の、教科書に掲載されていない部分を参考にして、背景となる事情を理解する。―「読む」 ・登場人物の心情をセリフにする。―「書く」 ・グループでそれぞれのセリフの妥当性や、全体の流れとの整合性を話し合う。―「話す・聞く」 ・『鴻門の会』の劇を演じる。―「話す・聞く」 ・登場人物の関係図を、互いに対する心情も含めてまとめる。―「書く」

と整理し、

目標が明確に認識・吟味されていない場合、教育実践は生徒たちによる活発な活動のみがあって知的な学びが成立していない活動主義的傾向や、教科書の内容をただなぞるだけの網羅主義的傾向に陥るでしょう。また、生徒の側で意識する『めあて』（例：作品を演じよう）が示されても、教師の側でもっておくべき『ねらい』（例：作品の登場人物の心情を理解する）は別で、そちらが明確になっていないことも多いように思います。

と述べています。[1]私自身も生徒に活動させることに夢中になって、これは一体何の力をつけるための活動だったたか、と反省した経験が何度もあります。「活発な活動のみがあって知的な学びが成立していない」ということにならないためには、生徒がめあてをもって行っている言語活動が、どのよう領域の力を伸ばすねらいを持っているかを教師が意識すること、そして、生徒に対しても、その言語活動を通して身につけてほしい力が何かということを知らせることが必要だといえます。後で紹介する「ワークシート冊子」（↓52ページ）の表紙に「本単元での学習事項」を明記し、単元の始まりに生徒に説明するという方法もそのための工夫の一つです。

1　石井英真『中学校・高等学校　授業が変わる　学習評価深化論』図書文化社　二〇二三年　六〇～六一頁。

3　指導と評価の一体化

学習の過程で評価を提供する

「指導と評価の一体化」という言葉をよく耳にします。これは、一体でないものを一体「化」させるという意味ですから、現在は指導と評価が一体でない＝指導と評価の乖離がある、という認識を示しています。

中央教育審議会が二〇一九年に報告した「児童生徒の学習評価の在り方について」には、学習評価が「学期末や学年末などの事後での評価に終始してしまうことが多く、評価の結果が児童生徒の具体的な学習改善につながっていない[1]」と「指導と評価との乖離」が説明されています。つまり、事後での評価に終始してしまうことが、問題だということです。

このことについて、作文を例として考えてみましょう。作文を例とするのは、国語科において作文の評価が一番難しいと筆者が考えるからです。

たとえば、生徒が、作文の評価について、このようなことを述べたとします。

国語の授業で、作文を書きました。その作文は、かなり後になってから、評価がついて返却されました。私の評価はＡＢＣのＣ段階で、誤字などの指摘のほかに、「具体例があげられていない」ということがマイナスポイントとして記されていました。この評価は成績に入るそうです。私はそれを聞いて、少し不満でした。なぜなら、この作文を書く前に、先生から「具体例があるとよい」ということを教えてもらえなかったからです。評価がついてから言われても、後の祭りという感じがしました。（この感想は筆者による創作である）

この例では、「具体例の有無」という基準が作文返却時に初めて示されたことが、評価が指導につながらないことの原因になっています。このことを、作文を書く時点で伝えていれば、教師はそれをもとに生徒を指導することができますし、生徒はそれを参考にして自らの作文を改善することができます。つまり、学習の過程で評価を提供する「形成的評価」が、指導と評価の一体化には必要なのです。

授業の流れのなかで行う評価

事後での評価だけでなく、学習の過程でも評価を提供する、というと、評価の手間が二倍になるような印象を与えるかもしれません。

もし「学習の過程での評価（形成的評価）」が、生徒が作文を書く→教師が一枚ずつ評価する→生徒が作文を改善する→教師が一枚ずつ評価する、というような流れを要請するなら、たしかに手間は倍になります。

しかし、形成的評価は、総括的評価（評定の資料とする評価）のように、一人ずつに対して厳密に行って記録に残す必要はありません。生徒が他の生徒の助言によって気づきを得たり、教師が数名の生徒の活動の様子を見取って、全体への支援の手がかりを得たりすることも、十分形成的な評価といえるのです。

ですから、日頃の授業の流れのなかで、特別な手間をかけずに、たとえば、次のような方法で評価を提供することができます。

●作文の過程で評価を示す方法の例

1　ルーブリック
原稿用紙に評価項目と到達度を組み合わせた表（ルーブリック）をあらかじめ組み込んでおき、説明する。たとえば「説明の仕方」という項目に「A．効果的な具体例を示して説明している　B．具体例を示して説明している　C．具体例を示していない」という到達度を記載しておく。

2　相互評価
作文の構想の過程で、具体例を組み込むことを指示し、構想メモを書かせる。その後、生徒のペアワークによって具体例の有無やその妥当性について相互評価させる。

3　自己評価
構想メモ、あるいは下書きの段階で、作文を改善するためのいくつかのポイントを示し、自己評価させ、活動の改善の参考にさせる。そのうちの一つとして「効果的な具体例を示して説明しているか」という視点を提供する。

指導方針を決めるための評価

学習の過程で評価を提供するためには、あらかじめ指導の方針が決まっていることが必要になります。しかし、作文指導の方針をあらかじめ決めることは、簡単なことではありません。それは高等学校において特に顕著です。というのは、「日本の高校は、学力によって薄切りハムのように序列化され[2]」ているため、ある高校では、具体例を示した説明ができていない作文が多く、また、ある高校では、具体例を示した説明はほぼ全員ができているが、自身の実感を伴わない借り物のような表現の作文が多いというように、学校ごとに生徒の抱える課題が異なっているからです。ですから、とくに新しく着任した学校では、まず生徒に作文を書かせてみて、その課題を見取る「診断的評価」が、必要になってきます。

ここで大切なことは、このような「診断的評価」や、先に説明した「形成的評価」を、成績（評定の資料）に入れる総括的評価と明確に区別することです。先に例をあげたような「後の祭りの評価」も、指導方針を決めるための診断的評価と総括的評価との混同によって生じているといえます。

指導していないことを評価しない

ここまでは主に、「指導」に着目して「指導と評価の一体化」を論じました。ここからは逆に、評価、とくに最終的な学習成果の判定である「評定」に着目して「指導と評価の一体化」を考えます。

評定は単位の認定や上級学校の選抜等に用いられ、学習者の将来に具体的に関わります。ですから、最終的な学習成果の判定として合理的に説明できるものでなければなりません。このことについて、「指導と評価の一体化」という点から注意すべきことは、指導したことを評価する、言いかえれば、指導していないことを評価しない、ということです。

再び作文を例にあげます。生徒の書いた作文は、時に思いがけない形で指導者の心を打つことがあります。たとえば筆者は、学校がそれまで知り得なかった生徒の過酷な生活体験が、拙い表現で記されている作文に、心を打たれたことがあります。こうした「思いがけない感動」は、評価項目にない部分＝「指導していないこと」に対して生じるからこそ「思いがけない」のだといえます。

石井英真氏は、評価について、「学び丸ごと（子どもが学校外の生活も含めたどこかで学びえたもの）ではなく、学校で責任をもって目的意識的に指導し育ちを保障するものを中心に評価することが重要である。[3]」と述べています。この言葉を借りると、指導者の「感動」の元となっている作文の内容は、「学校で責任をもって目的意識的に指導し」たものではありません。

ですから、その作文は、コンクールでは特賞をとるかもしれませんが、科目の学習成果の判定の資料となる評価では、BやCになるかもしれないのです。もちろん、指導者の「感動」は、文章として作文に付したり、口頭で褒めたり、作品集に載せることで評価することはできます。しかし、「指導と評価の一体化」という考えのもとでは、指導していない「感動的内容」の評価が、指導したことに基づく評価項目の評価を凌駕することはないのではないでしょうか。

観点別評価導入による評定の「ブラックボックス化」に注意する

高等学校において、観点別評価は二〇二二年度に本格的に導入されました。筆者が勤務している神奈川県では、二〇〇七年度から全県立高校で観点別評価が実施されていましたが、他県のほとんどの高等学校では、まだこの評価方法の蓄積が浅いのではないかと思います。

観点別評価が導入される以前の筆者の経験では、定期テストの素点と、作文などの提出物の評価を点数化したものの合計点によって評定をつけるという方法が一般的であったように思います。そして科目の担当者同士で、「年間の評価物の合計が〇〇点以上であることを単位認定の条件としよう」などと申し合わせていました。それによって、生徒の評価物の合計の途中経過を参照して、このままの取り組みでは単位認定の見込みがない生徒に注意を喚起したり、切羽詰まった場面では「次のテストで〇点以上取れるように頑張ろう」と補習を行ったりすることができました。

高等学校では、単位が認定されない科目があると、原級留置となる場合もあります。このことは本人や保護者において人生の一大事といえます。ですから、もし、単位認定が危ぶまれる場合は、生徒に挽回できるチャンスがあるうちに、本人や保護者に知らせ、奮起を促すことが大切な「指導」です。この「警告指導」がないままに、単位が認定できないという結果だけが示されたとしたら、生徒本人や保護者は「なぜ一言警告してくれなかったのか」と思うでしょう。筆者が学級担任をもった際にも、「警告指導なき単位不認定」が起こらないように、心配な生徒について教科担当に確認をとるなど、気を遣いました。そういう意味では、「指導なき単位不認定」も「指導と評価の乖離」と言えるでしょう。

ところが、観点別学習状況の評価を評定に総括する場合、その総括の途中経過を参照することがかなり困難になります。というのは、この総括の途中経過を参照して、単位認定が危ぶまれる生徒をピックアップするためには、まず「知識及び技能」、「思考力・判断力・表現力」、「主体的に学習に取り組む態度」の三観点それぞれについて、

・どのような記録を資料とするか。
・記録をどのようにA、B、C評価に総括するか。

という情報が必要だからです。一つの定期テストのなかに「知識及び技能」を評価する問題と「思考力・判断力・表現力」を評価する問題が混在している場合も多いので、そのあたりも複雑です。

これらの情報をもとに、それぞれの観点でCにならないための条件と、生徒の途中経過を参照し、「CCC」になってしまいそうな生徒を見きわめます。単位認定ができない評定「1」がつくとき、その観点別学習状況は「CCC」だからです。

しかし、「CCC」ならばかならず評定「1」になると決まっていないことが、事をさらに複雑にします。「『指導と評価の一体化』のための学習評価に関する参考資料」によると、

> A、B、Cの組合せから評定に総括する場合、「BBB」であれば3を基本としつつ、「AAA」であれば5又は4、「CCC」であれば2又は1とするのが適当であると考えられる。それ以外の場合は、各観点のA、B、Cの数の組合せから適切に評定することができるようあらかじめ各学校において決めておく必要がある。[4]（傍線は筆者による）

とあり、「CCC」が必ずしも「1」になるわけではないことが示されているからです。

このようなことから、目指す学力の質の違いに合わせて多様な評価方法をとりいれる観点別評価には、学習者が、学力の質ごとに自らの到達度を振り返ることができる利点がある一方、単位認定に向けた支援の必要な生徒を見きわめて指導するという点では、注意すべき側面をもっているといえます。つまり、観点別評価の評定への総括が複雑なため、表計算シートによる観点別学習状況の評価の評定への総括の過程がブラックボックス化され、「計算してみたら赤点だった」ということが起こり得るということです。

評定と指導との関係に着目したとき、「指導と評価の一体化」のためには、複雑な操作をしなくても、支援すべき生徒を「見える化」するための、何らかの工夫が必要とされているといえます。

その工夫は、学校による生徒の特質の違いを踏まえながら行う必要があるため、一様に示すことはできませんが、たとえば「知識及び技能」及び「思考力・判断力・表現力等」の各観点において、特に到達度をチェックすべき「コア項目」を一つずつ設定して科目担当者で共有し、「コア項目」のB基準を「知識及び技能」「思考力・判断力・表現力等」の両方で満たしていない生徒を事前にピックアップして指導するなどの方法が考えられます。

1　中央教育審議会　初等中等教育分科会　教育課程部会「児童生徒の学習評価の在り方について（報告）」二〇一九年四頁。
2　佐藤学『教育改革をデザインする』岩波書店　一九九九年　二一頁。
3　石井英真「学習評価と『指導と評価の一体化』を問う」『教育展望』731号　教育調査研究所　二〇二一年　一二頁。
4　「『指導と評価の一体化』のための学習評価に関する参考資料　高等学校　国語」文部科学省 国立教育政策研究所 教育課程研究センター　二〇一八年　一八頁。

4　主体的に学習に取り組む態度の評価

主体的に学習に取り組める環境の存在が前提

「主体的に学習に取り組む態度」の評価は、「静かに授業を聞く」「教師の質問の意図をくんで挙手して発言する」「指示どおりに作業を行う」「提出物を期限内に出す」といった「指導への従順さ」＝いわゆる「まじめさ」をはかるものではありません。

文部科学省『学習評価の在り方ハンドブック』[1]では、「主体的に学習に取り組む態度」について、「関心・意欲・態度」が「挙手の回数や毎時間ノートを取っているかなど、性格や行動面の傾向が一時的に表出された場面を捉える評価であるような誤解が払拭し切れていない」という指摘を受けて、「よりよく学ぼうとする意欲をもって学習に取リ組む態度を評価する」という趣旨を改めて強調したものであると説明しています。つまり、「挙手の回数や毎時間ノートを取っているか」などの「性格や行動面の傾向」（いわゆる「まじめさ」）は「主体的に学習に取り組む態度」の評価材料としてふさわしくないということです。しかし、それでは何を材料として評価すればよいか、戸惑う先生方もいるのではないかと思います。筆者は、その戸惑いのもとには授業に「主体的に学習に取り組む」場面があまり設定されていないということがあるのではないかと考えます。

加藤俊志氏は、二〇二三年に進学校の教師三〇名を対象に「主体的に学習に取り組む態度」についてのアンケートを行っています。[2] それによると、「主体的に学習に取り組む態度」の評価に難しさを感じたという回答（「ある」「たまにある」）が全体の四分の三を占めており、「主体的に学習に取り組む態度」の評価が概して難しいと捉えられていることがわかります。

また、「どんな場面で難しさを感じましたか？」というこのアンケートの質問に対して「真面目に授業を受け理解も深めているが、アウトプットがない生徒をどう評価するか」という回答がありましたが、この回答は、「主体的に学習に取り組む態度の評価」の目指すものと現場との距離感を象徴的に表しているように感じます。というのは「アウトプット」（出力）がないのは、生徒自身の問題ではなく、「アウトプット」の機会を設けていない授業設計の問題だと考えられるからです。

中央教育審議会「児童生徒の学習評価の在り方について」には、

「主体的に学習に取り組む態度」の評価について、「知識及び技能を獲得したり、思考力・判断力・表現力等を身に付けたりするために、自らの学習状況を把握し、学習の進め方について試行錯誤するなど自らの学習を調整しながら、学ぼうとしているかどうかという意思的な側面を評価することが重要である。[3]」

と記されています。

「主体的に学習に取り組む態度」の評価が「自らの学習を調整」する力の評価であるとしたら、授業のなかに「自らの学習を調整する」場面がなければなりません。教師の説明を聞き、板書をノートに写し、教師の発問に答えたり、教師が用意した問題に取り組んだりする——もし、もっぱらこのような事柄しか行われていない授業があったとしたら、その学びを調整しているのは教師だけであり、生徒たちには、自らの学習を調整する場がありません。

つまり、単元のなかに、自分の課題や興味・関心を認識し、学習の見通しをもち、試行錯誤しながら効果的な学び方を探り、粘り強く調整する場を設けなければ、「主体的に学習に取り組む態度」の評価はできないのです。そういう意味では「主体的に学習に取り組む態度」という評価の観点は、評価のあり方に先立って、授業のあり方の再構築を求めるものだといえます。

「主体的な学び方」をどう指導するか

田中保樹氏は、「『主体的に学習に取り組む態度』の評価を行う前に、まず育成することが大切です。主体的に学習に取り組む態度に対しての指導や育成がないままに、いきなり総括的な評価を行い、成績の資料を収集するようなことがあってはなりません。そのことは、〈知識及び技能〉の習得と〈思考力・判断力・表現力〉の育成と、それらに関する資質・能力の評価、評定と同じです。[4]」と、「主体的に学習に取り組む態度」の育成が重要であることを述べています。それでは、「主体的に学習に取り組む態度」はどのようにして育成したらよいのでしょうか。

エリザベス・F・バークレイ氏とクレア・ハウエル・メジャー氏による『学習評価ハンドブック』は、アクティブラーニングの評価など、評価の目的別に五〇の技法が提示された著書ですが、そのなかの「『学び方学習』の教授と評価」という章に、ヒントが得られるように思います。

同書では、「学び方の学習」を「学習者は学習について知り、自分の学習方法や能力を述べることができ、自分の学習をモニタリングして評価できる」[5]と定義していますが、この定義は、先にあげた中央教育審議会「児童生徒の学習評価の在り方について」が主体的に学習に取り組む態度について述べた「自らの学習状況を把握し、学習の進め方について試行錯誤するなど自らの学習を調整しながら、学ぼうとしているかどうかという意思的な側面を評価することが重要である」という文言とほぼ合致しています。同書には「学び方の学習」として、

・学んだことをアウトラインにまとめる。
・優秀な成果物の実例を複数参照し、それらに共通する特徴を分析してルーブリックを作成する。
・学んだことに関する問題を作成する。
・ある学習活動についての「目的リスト」をつくり、優先順位をつける。
・直近の授業に関連する活動や経験について振り返る日誌を書く。
・学生自身が、自分が学習のために役立てることができるツールや人物のネットワークを図式化す

る。

などの方法を紹介しています。これを国語科の授業に当てはめて考えてみましょう。ある古典作品を読み、その解釈を深めたいと思ったときに、どのような資料にあたり、どのように調べたらよいか、そのヒントを与え、実践させることは、それに該当すると考えます。

第Ⅱ部で紹介している「『鴻門の会』を演じる」レシピを例にとると、『史記』の本文には書かれていないない登場人物の心情を理解する際に、

① 教科書に掲載されている部分の前後の記述（「資料」として配布する）を読み、詳しい経緯を理解する。
② 研究者による解釈をインターネット検索や関連書籍を読むことによって知る。
③ 同じ場面を演じるチーム内で意見交換をする。

といった方法を教え、その方法を使い分けたり、組み合わせたりして工夫させることが、「主体的な学び方」の指導です。

そして、「主体的に学習に取り組む態度」の評価は、

・「振り返り」（「登場人物の心情を考えるにあたって何を参照し、どのような工夫をしましたか？」への回答）

・生徒の考えた「セリフ」

の二つを材料として行うことができます。

たとえば、登場人物の心情を考えるために、前記①②③のうちのいずれかの方策をとっていることが「振り返り」に記載されており、そのことが「セリフ」に表れている場合をB（おおむね満足できる状況）とします。「セリフ」を参照する理由は、「振り返り」には「○○を参照して心情を考えました」と書かれていても、それがセリフに反映されていないことがあるからです。セリフに心情が書かれていなかったり、「ヤベー」などの感動詞だけだったりするものが、それにあたります。

「セリフ」に表現された、生徒が読みとった登場人物の心情は、「思考力・判断力・表現力等（読むこと）」に関わる成果物です。ですが、「振り返り」に記したとおりのプロセスを実施したかどうかを知るために、「セリフ」にそのプロセスが結実しているかを見る必要があるのです。

先に引用した『学習評価の在り方ハンドブック』にも、

「主体的に学習に取り組む態度」の評価は、「知識・技能」や「思考・判断・表現」の観点の状況を踏まえた上で、評価を行う必要があります。（八頁）

と記されていますが、それは、「学び方」の学習成果が、「知識及び技能」や「思考力・判断力・表現力等」に関わる行動の変容によって可視化されるということを表しているといえます。

そして、教科書本文や現代語訳以外のものを参照してセリフに生かすことができなかったものをC（努力を要する状況）とし、特に、複数の方法を試し、粘り強く心情を理解しようとしていると見取れるものをA（十分満足できる状況）とします。

このように、生徒自身が行動を計画したり選択したりできる言語活動を単元のなかに入れておけば、「主体的に学習に取り組む態度」は、その実践の様子を見取ることで評価できます。

ここでは「劇」を例にあげましたが、「主体的に学習に取り組む態度」の評価をするために、「劇」などの特別な言語活動を行うことが必須というわけではありません。

たとえば「文語のきまり」という知識の習得などにおいても、指導者が「学び方」の指導を行った後に、

・自分の課題点を認識し、言語化する。
・課題解決のための方法を考える。または指導者が示したいくつかのバリエーションから選択する。
・計画に基づいて、授業中に設けられた時間（あるいは課外）に自学を実践する。同じ課題を持つものによるグループワークなどでもよい。

・学習成果を自己評価する文章を書く。

といった「主体的に学習に取り組む場」を設ければ、「主体的に学習に取り組む態度」の評価が行いやすくなるのではないでしょうか。

1　文部科学省国立教育政策研究所教育課程研究センター『学習評価の在り方ハンドブック　高等学校編』二〇一八年　九頁。
2　加藤俊志「高等学校において」『主体的に学習に取り組む態度　その育成と学習評価』東洋館出版社　二〇二三年　一三〇～一三八頁。
3　中央教育審議会初等中等教育分科会教育課程部会報告「児童生徒の学習評価の在り方について」二〇一九年　一〇頁。
4　田中保樹「授業づくりと主体的に学習に取り組む態度」『主体的に学習に取り組む態度　その育成と学習評価』東洋館出版社　二〇二三年　八五頁。
5　エリザベス・F・バークレイ、クレア・ハウエル・メジャー／吉田塁監訳『学習評価ハンドブック　アクティブラーニングを促す50の技法』東京大学出版会　二〇二〇年　三二四頁。

5　定番の言語活動を見直す

教科書を「読む」のも、教師の説明を「聞く」のも、板書をノートに「書く」のも言語活動です。国語の指導の定番のスタイルのなかに、言語活動は位置づいています。ですから、国語科の授業改善においては、言語活動を取り入れるかどうかではなく、言語活動を生徒の学びにどう役立てるかがポイントとなります。

インタビューや劇化など、やや非日常的な言語活動を考えるその前に、定番となっている言語活動を見直してみましょう

教材文の「音読」を見直す

教師が範読したり、生徒に指名して読ませたりする「音読」は、国語科の授業において古くから行われている言語活動です。筆者も、かつて自分が受けた授業を参考にして、音読という言語活動を何年も続けてきました。落ち着きのない生徒の多い教室では、とりあえず誰かに音読を指名することで、生徒たちをなんとか授業の態勢に巻き込みたい、と思って音読を取り入れたこともありました。

しかし、教師が範読するにしても、指名された生徒が音読するにしても、それを聞く側の生徒の姿勢は受身になりがちです。また、平野啓一郎氏は、『本の読み方』において、音読の問題点として「『うまく読む』ことに意識が集中してしまい、内容への注意力が散漫になってしまうこと」[1]を指摘しています。聞く生徒だけではなく、音読している生徒本人すら、内容が頭に入っていない場合もあるのです。そう考えると、「読む」ためのツールとしての、音読の有効性を見直すべきだといえます。

もちろん、教材文の音読すべてが悪いわけではありません。たとえば、印刷技術が発達する以前の古典は、誰かが音読したものを周囲が聞くという形で享受されていましたから、音読して、リズムや音の響きを意識することに大きな意味があります。韻文についても同様です。また、それとは別に、漢字を読むことに困難を抱える生徒が多い教室において、教師が範読して読みを知らせることも必要な支援だと思います。さらに、「将来子どもに本の読み聞かせができること」を目的とした授業であったら、生徒の音読は、必須の言語活動となります。

しかし、論理的な現代の文章を「読むこと」を指導するとき、教師が、学習者の将来の姿として想定するのは、論理的文章を黙読する姿であるはずです。論理的文章――少なくとも大人向けの――は、基本的に黙読のために書かれているからです。だとしたら、中学校や高等学校では、論理的文章を「読む」ためのツールとして、「音読」よりも、「黙読」に集中できるような別の言語活動（たとえば「要旨をつかむ書き込みをしながら全体を黙読する」）を採用した方がよいということになります。

それでも、生徒を学びに向かわせるために、「音読」というスイッチが必要である場合もあります。

筆者はそういうとき、次のように、音読を音読以外の言語活動と組み合わせて指示します。


ペアで一段落ずつ交替しながら音読しましょう。

音読した人は、読んだ後に、今読んだところにどのようなことが書いてあったのかを自分のことばで説明してください。

自分が読んだところの意味を取るためには、すらすらと早く読みすぎては難しいです。ゆっくり、意味を確認しながら読んでみましょう。

聞いている人は、音読と、説明を聞いて、わからないところがあったら質問しましょう。

質問が出たら、一緒に本文を見て、考えてください。

後で、私からも読んだところの内容に関する質問をします。

さっき印をつけてもらった区切りのところまで全部読み終わったら、指示があるまで、内容を確認し合ったり、文章を黙読したりしていてください。

「発言」の方法を見直す

生徒の挙手、あるいは教師の指名によって発言を行うというのも授業における定番の活動の一つです。しかし、筆者はこの方法を、生徒の力をつけるのに役立てられた経験がほとんどありません。

まず生徒が挙手をしません。筆者はさまざまな高等学校で授業をしましたが、進んで発言する生徒はどの学校でも限られていました。日本の社会には、進んで発言しない方が得策であることを学ばせる「隠れたカリキュラム」が働いているようで、小学校、中学校、高校と進むたびに大人数の中で進んで発言する生徒は少なくなっていきます。一九九〇年代末に田近洵一氏らのグループが行った、小学校四年生から高等学校三年生までの五千人以上を対象としたアンケート調査によると、授業中に発言したくなることが「ほとんどない・ない」と答えた生徒の割合は、小学校四年では二八・一%でしたが、高校三年生では六三・八%にまで増えています。[2]

それでは教師が生徒を指名すればよいかというと、ハキハキと答えてもらえる場合もありますが、何も言わないままじっと黙ってしまう場合もあります。黙っている生徒に対して筆者は、だいたい次の三つのうちのいずれかの方法をとっていたように思います。

① 話し始めるまで待つ。
② いろいろとヒントを与えながらなんとか答えてもらう。
③「今は思いつかないかな?」などと確認した上で次の人を指名する。

一対一の個人教授であったら、①の「話し始めるまで待つ」がよいように思います。しかし、他に多数の生徒がいる教室であったら、他の生徒のことが気になって、あまり落ち着いて待つ気持ちになれません。授業時間が限られているということも気になります。そうすると②か③の方法をとることになりますが、それはいったい何の力をつけるための言語活動であるのか、と問われると、苦しいところです。

そうした不毛な「生徒に発言させる戦い」から脱却しようと、色々な先生の授業を見たり、研究会で知見をいただいたりするうちに、筆者は自分なりの生徒の意見の拾い方を見つけたように思います。それは次のような方法です。

・ある課題について、個人で取り組んだあと、複数で共有させる。
・人数は、課題の性質によって、隣の人とのペアであったり、椅子の向きだけを変えた四人組であったり、机をグループの形にして行う六人組であったりする。
・教室を回って、生徒の発言やワークシートに書かれた言葉などを拾って歩く。一回りした後、指名すべき生徒のところに行く。数名しか答えられていない課題はその生徒に、比較的多くの生徒が書けている課題は、普段あまり指名できていない○○さんに、などと方針を決めて、生徒のところに行く。
・板書してもらうときはチョークを数本持った状態で生徒の間を回り、「それ、とてもいいから、書いてきてね」とチョークを渡す。
・発言してもらうときは、「○○さん、今言ったこと（あるいは○○に書いてあること）を、大きい声で全体に言ってください」と声を掛ける。
・ワークシートに書かれた、比較的長めの答えを共有したいときには、席の近くにパソコンを持って行ってテキストで打ち（あるいはワークシートの画像を撮影し）、「○○さんの答えです」とスクリーンに投影する。

いきなり指名した場合に黙ってしまう生徒や、小さな声でしか話せない生徒も、この方法をとると、大きな声で発表してくれます。それは、自分がこれから発表することに自信が持てているからだと思います。

小グループとは違って、教室全体に向けた発表には、「公的」なイメージがあります。発言をためらう生徒からは、そうした「公的な場」で見当はずれなことを言ってしまうことを恐れる雰囲気がみてとれます。しかし、自分の考えは皆に知らせるに値することなのだ、という教師からの「お墨付き」が得られると、生徒は安心して発言できるようです。

答えてもらった生徒の名はそのつど記録しておいて、できるだけ多くの生徒を指名できるように工夫します。とくに、あまり国語が得意でない生徒や、普段教室で目立たない生徒のよい意見を見つけて光を当てることを心がけています。

また、生徒のグループ内での発言やワークシートの記述のなかに、共有したい勘違いなどがあるときには、個人を特定せず、「このように答えている人が何人かいるけれど……」というように紹介して、方向を修正するようにしています。

文章への「書き込み」を見直す

高校生に、「要点をつかむことを意識して読みなさい」と指示して論理的文章を黙読させると、ほとんどの生徒が、何らかの書き込みをします。書き込みをしたものを提出させてよく見ると、たいていの生徒が傍線を引いていますが、その頻度は、ほんの二、三か所だけ引かれているものから、ほぼ傍線だらけになっているものまで、さまざまです。また、逆接の接続詞を▽印で囲んであるものもよく見られました。これらの書き込みは、生徒が文章を読むことに、どのように役立っているのでしょうか？　文章への「書き込み」について、その方法ではなく、はたらきに焦点をあてて見直してみましょう。

例えば、一五〇〇字程度の文章に、要旨をつかむための書き込みを施したうえで、一〇〇字程度の要約文を作り、書き込みのはたらきを分析する活動を行います。具体的には、自分が書いた要約文を、指導者が示したチェック項目（論理の道筋やキーワードなど）に従って自己採点し、自分の書き込みが要旨をつかむためにどのように役立ったか（役立たなかったか）を分析し、その結果をペアで共有するというような活動です。

ただし、文章全体の要約は、少しハードルが高いので、まずはもっと小さな単位である、形式段落（あるいは意味段落）ごとに、文章の上の余白に「小さな要約」を書き込ませ、その「小さな要約」と文中の書き込みとの関係を分析させるとよいと思います。「小さな要約」は「時間について」のような、書かれた対象を表すだけの見出しを書くのではなく、次頁の例のように、「時間は不可逆」といった、要旨が凝縮された語句を書けるようになったり、矢印等の記号を使って二項対立や因果関係を示すことができるようになったりすることを、めあてとさせます。

学習者は、「小さな要約」の自己採点を通して、自分の書き込みのはたらきを見直し、文章のどこに目をつければ、より要旨がつかめるようになるかを探ります。そして、自分なりの書き込みルールをつくったり、それを他者に説明したり、書き込みの効果を分析したりすることを繰り返します。こうして、学習者が「書き込み」を自分がよりよく「読む」ためのツールとして使えるようになっていくことが、「書き込み」を見直す活動のねらいです。

ここで注意しなければならないのは、「書き込み」は「読む」ためのツールであり、すばらしい「書き込み」をすること自体が目的ではないということです。また、書き込みは、自分の読みの質の変化

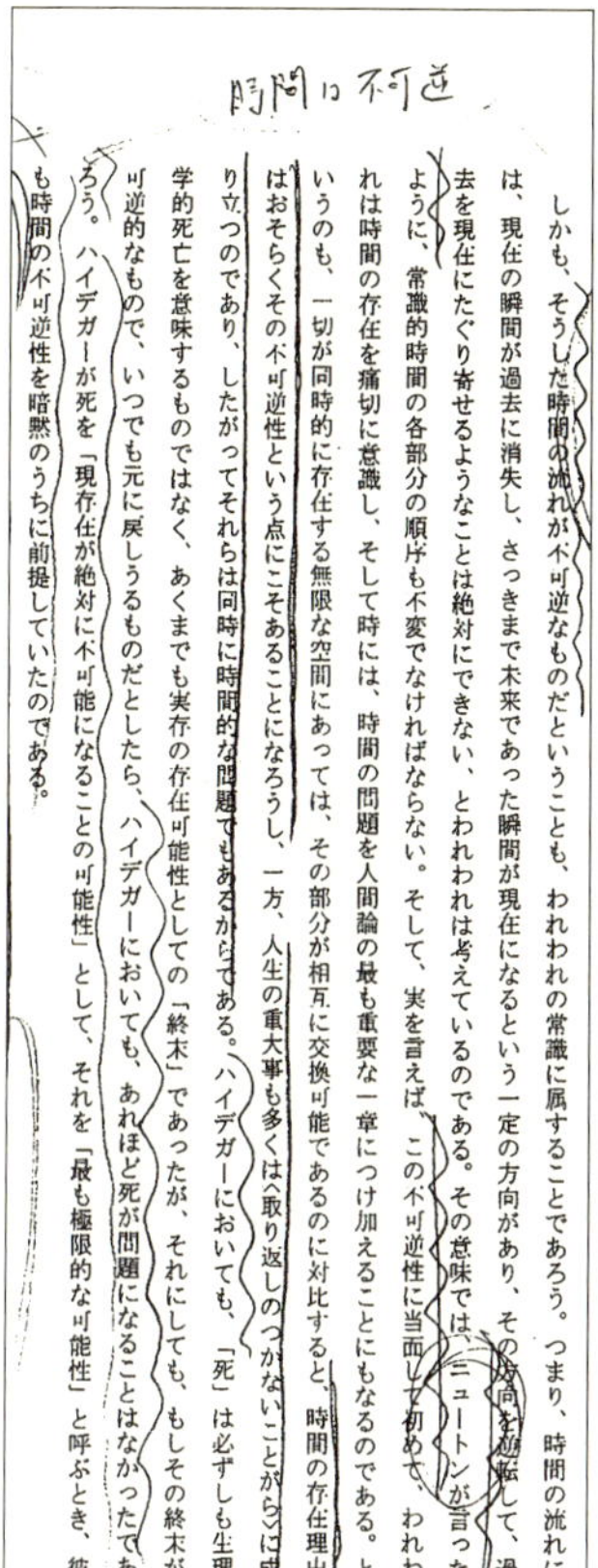

しかも、そうした時間の流れが不可逆なものだということも、われわれの常識に属することであろう。つまり、時間の流れには、現在の瞬間が過去に消失し、さっきまで未来であった瞬間が現在になるという一定の方向があり、その方向を逆転して、過去を現在にたぐり寄せるようなことは絶対にできない、とわれわれは考えているのである。その意味では、ニュートンが言ったように、常識的時間の各部分の順序も不変でなければならない。そして、実を言えば、この不可逆性に当面して初めて、われわれは時間の存在を痛切に意識し、そして時には、時間の問題を人間論の最も重要な一章につけ加えることにもなるのである。というのも、一切が同時的に存在する無限な空間にあっては、その部分が相互に交換可能であるのに対比すると、時間の存在理由はおそらくその不可逆性という点にこそあることになろうし、一方、人生の重大事も多くは〈取り返しのつかないことがら〉に成り立つのであり、したがってそれらは同時に時間的な問題でもあるからである。ハイデガーにおいても、「死」は必ずしも生理学的死亡を意味するものではなく、あくまでも実存の存在可能性としての「終末」であったが、それにしても、もしその終末が可逆的なもので、いつでも元に戻しうるものだとしたら、ハイデガーにおいても、あれほど死が問題になることはなかったであろう。ハイデガーが死を「現存在が絶対に不可能になることの可能性」として、それを「最も極限的な可能性」と呼ぶとき、彼も時間の不可逆性を暗黙のうちに前提していたのである。

生徒の書き込み例　「不可逆性」が含まれた語句４か所に波線または傍線が引かれ、さらに、その主張を行った「ニュートン」や「ハイデガー」が丸囲いや波線によって強調されている。上部余白には、「時間は不可逆」という「小さな要約」が記されている。

とともに、自然と変わっていくものです。ですから、「書き込み」の指導は、教師が書き込みの善し悪しを決めたり、統一したルールで書き込みを行わせたりするのではなく、生徒同士が自分の書き込みの意味を説明し合ったり、要約文の自己採点を通した分析を行ったりすることによって、学習者自身の気づきを促すような形で行うのがよいと考えます。

また、まれに、文章に書き込みをしなくても、的確な要約文を書ける生徒もいます。そうした生徒は、頭の中だけで内容の整理ができるのでしょう。学習者にそうした特性があると評価できた場合には、無理やり書き込みを強要しなくてよいと考えます。そうした生徒に対しては、ペアワークの際に、「頭の中で行った整理」を再現して、その場で書き込みをしながら説明をしてもらうとよいでしょう。

「読み」を確認する方法を見直す

先ほど、なかなか発言しようとしない生徒にどのように発言をさせるか、ということを検討しました。しかし、そもそも、生徒の発言は授業展開において必須のものでしょうか。

長年にわたって小学校の国語教育の実践的改革に取り組んだ青木幹雄氏は、一九八六年に『第三の書く』を著し、「少しばかりの音読と、そして大半は、次から次への発問と、それに応じてくる、一部上位の子どもの応答によって占められ[3]」るような、発問依存、発問過信の授業を変えていくために、書くことと読むことを連関させていくことを提唱し、視写、聴写、筆答、書抜き、書込み、書きまとめ、寸感、寸評、図表・絵画化などの方法を紹介しました。

教師の発問と、それへの応答によって進む授業は、さまざまな工夫をしてもなお、発問に対する優秀解答の発表をもって、全体の生徒が理解できているかのような確認がされてしまいがちな側面があります。そう考えると、青木氏のように、「書く」ことの助けを借りて、学習者の読みを評価したり、支援したりするしくみを、授業の定番にしていくことが必要だと考えられます。

たとえば、中学生や高校生が自分の読みを整理し、可視化し、説明するには、「概念図」というツールが有効ではないでしょうか。次頁に示したのは、ある生徒が藤原新也氏の「イスラム感覚」という教材[4]を読んでつくった概念図です。この図を見ると、この生徒が、

①規範（律）に対する「ヒンドゥー」的なあり方と「イスラム」的なあり方の比較
②産業構造の大変動による、日本の変化
③現在の日本における規範の状態

という三つの事柄を理解し、さらに、それらの事柄の関係を境界線や矢印によって表現できていることがわかります。

一人ひとりの生徒が、文章の内容や構造をどれだけ理解できているかを、問答で確かめることは困難ですが、概念図を書かせることで理解を可視化させれば、このように読みの到達度や課題点を見取ることができます。

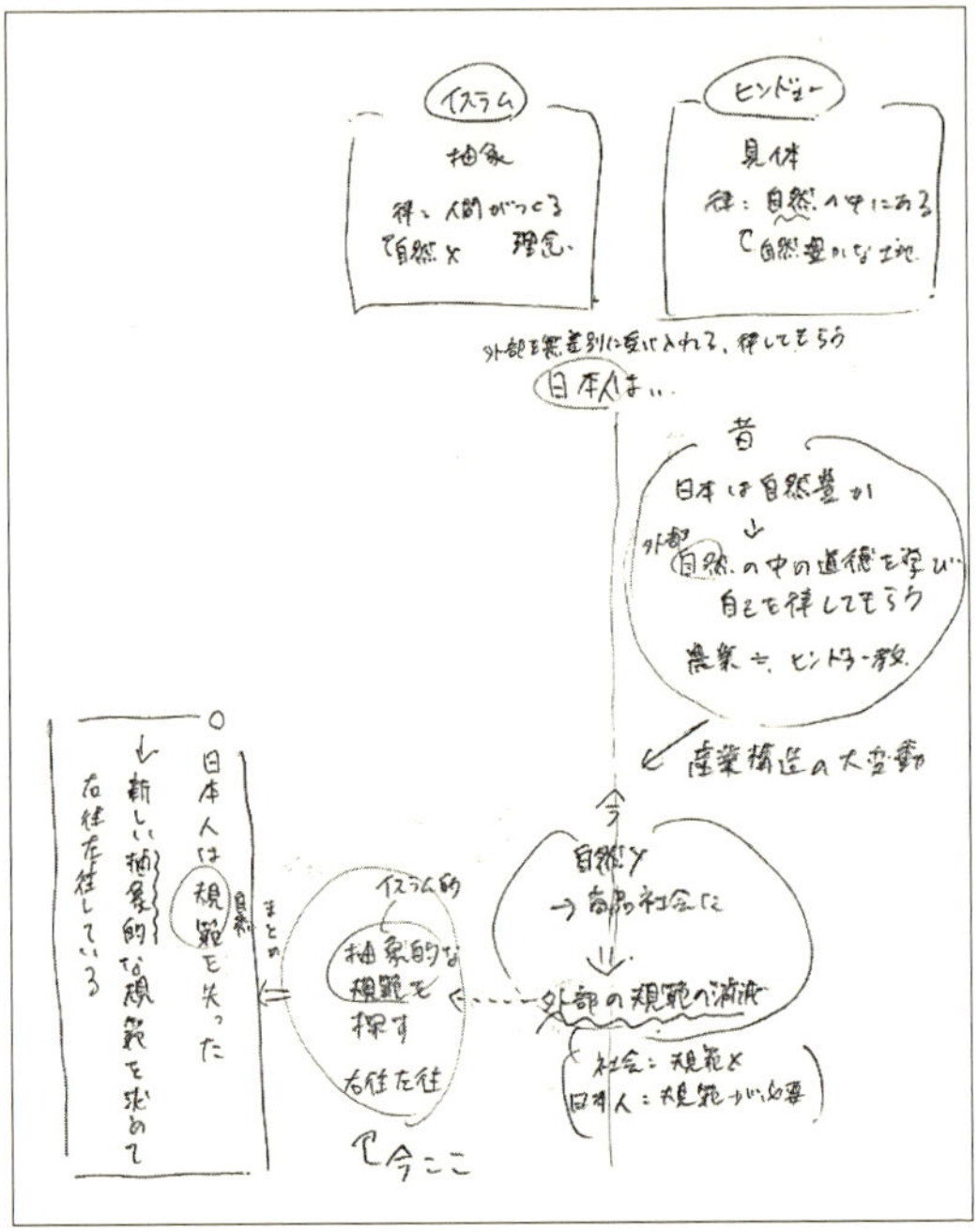

「イスラム感覚」についての生徒の概念図

また、生徒同士が、自分の理解を説明し合うときも、この「概念図」は有効です。先ほど話題に挙げた「文章への書き込み」は、自分のためのツールであったため、それを書く必然性が生徒によって異なりましたが、「概念図」は、他人に説明することを目的にできるため、生徒全員に必然性を持たせることができます。

概念図は抽象化であるため、深い読みや上位概念への変換を必要とする「辛口」の活動です。はじめは小さな単位（一段落、あるいは二〜三段落）の内容を対象にしたり、「二項対立を整理する」などと、まとめ方のヒントを示して行わせたりするところから始めてもよいと思います。

また、先の著書で青木氏は「図式化」に欠かせない配慮として、「教師が考えた図式を子どもに押しつけないこと」をあげています。書き込みのときと同様に、概念図も、ヒントや手引きを与えつつ、学習者自身の気づきを促す形で活用することが望ましいでしょう。

概念図によって学習者自身が自分の読みを説明し合う、また、ときには指導者が生徒全員の概念図を提出させ、そこから生徒たちの読みの課題を見取って、指導に生かす。そうした活動が読みの授業の定番になっていけば、一人ひとりの読みの支援が、より充実したものになると考えます。

1　平野啓一郎『本の読み方　スロー・リーディングの実践』PHP文庫　二〇一九年　八九頁。

2　田近洵一編『子どものコミュニケーション意識』学文社　二〇〇二年　一二三頁。

3　青木幹雄『復刻版　第三の書く　読むために書く　書くために読む』東洋館出版社　二〇二〇年　二一頁。

4　桐原書店『論理国語』（令和四年検定済）七二～八〇頁　出典は藤原新也『僕のいた場所』文春文庫　一九九八年　二五六～二六二頁。

5　青木幹雄『復刻版　第三の書く　読むために書く　書くために読む』東洋館出版社　二〇二〇年　九九頁。

6　年間を通した指導事項と言語活動とを考える

一年間の学びを終えた生徒の姿をイメージする

年間指導計画を考える際には、この科目を一年間教えることで、生徒にどのようなプレゼント（身につけさせたい力）を渡すことができるかをイメージするとよいと思います。

たとえば古典について、「古典の面白さがわかり、将来も、古典に関する書籍や演劇などを楽しむことができるようになること」を一番のプレゼントと考えたとします。すると、目の前の生徒たちに古典の面白さを実感させるためにはどのような教材が適切か、将来も古典を楽しむには、指導事項をどのような言語活動によって行ったらよいかが、見えてきます。

学ぶべき教材があるわけではない

「『山月記』はいつやりますか？」のように、年間指導計画を教材名を基準に考えていないでしょうか。国語科は、ことばの教育をする用具教科ですが、文学の内容を学ぶ内容教科のようにとらえられがちで、「定番作品」が「定められた指導事項」のように扱われる傾向があります。

保護者や地域の年長者たちと同じ作品を知り、語り合うことができるという意味では、定番の作品を教材にするのもよいでしょう。しかし、目の前の生徒たちに、より効果的にプレゼント（身につけさせたい力）を渡すことができる、他の教材を探して使用することも可能なのです。

指導事項をもとに単元をつくる

一つの単元に、あれこれと指導事項を入れ込むと、指導の焦点が合いにくくなります。したがって、「思考力・判断力・表現力等」から一つと、それに関連した「知識及び技能」一つを、単元の主な指導事項とするのが理想です。このような計画について、「それでは、沢山ある指導事項が計画している単元のなかに入りきらないのではないか」と感じられたとしたら、それは、教材本位で単元を作ろうとしているからではないでしょうか。単元は「身につけさせたい力」をもとに作るものですから、同じ教材を使うとしても、「身につけさせたい力」が異なれば、違う単元にすることができます。たとえば、『枕草子』のある章段を使って「読む」力をつける活動と、『枕草子』のある章段を参考にして、自分の知識や体験をもとにした随筆を「書く」力をつける活動は、別の単元として行ってよいのです。

指導事項に即した言語活動を設定する

年間指導計画を考える際には、どのような言語活動を通して指導事項を学ばせるかの見通しを立てておくとよいでしょう。後から思いつきで言語活動を取り入れると、言語活動と身につけさせたい力との関係があいまいになる恐れがあります。指導事項についての「思考力・判断力・表現力等」が発揮されるタイミングに言語活動が取り入れられるように、年間指導計画に「言語活動」の欄をつける（次頁表の三段目参照）ことをお勧めします。

ところで、指導事項を意識して単元をつくったり、言語活動を考えたりすることに、堅苦しさを感じることがあるかもしれません。つまり、目の前にいる生徒の実態をつかんで、それに合った授業をすることが第一であるという考え方です。しかし、指導事項は、目の前にいる生徒の実態をつかんで、それに合った授業をすることを否定しているわけではありません。指導事項は「バランスよく、すべての栄養を摂取させる」ための基準であり、よく見ると、生徒の実態に合わせて行おうとしていることとほぼ同じ、当たり前のことが書かれています。

そして、指導事項を意識すると、よい点もあるのです。たとえば古文の授業。ともすれば、教材が変わっても同じようなプロセス（単語、文法、現代語訳……）を繰り返す、マンネリな授業になりがちです。しかし「マンネリな授業」は、「バランスよく、すべての栄養を摂取」させていないことの表れでもあるのです。授業にマンネリを感じたら、ここまでにどれだけの指導事項をカバーしているかをぜひ確認してください。すると、たとえば「古典の作品や文章を多角的な視点から評価すること」を通して、我が国の言語文化について自分の考えを広げたり深めたりすること」について指導していないことに気づきます。そして、そうだ、次に読む『大鏡』を、既習の『史記』や『源氏物語』と比

年間指導計画の例（古典探究）

			No.	1	2	
			単元名	つくり物語を楽しむ「光源氏の誕生」	構成や展開を捉える「背水の陣」	
			言語活動	登場人物の日記	4コマで図示	
			指導事項／授業時数（合計　単位時間）	5	3	
知識及び技能	(1)	ア	古典に用いられている語句の意味や用法を理解し，古典を読むために必要な語句の量を増すことを通して，語感を磨き語彙を豊かにすること。			
		イ	古典の作品や文章の種類とその特徴について理解を深めること。	○		
		ウ	古典の文の成分の順序や照応，文章の構成や展開の仕方について理解を深めること。		○	
		エ	古典の作品や文章に表れている，言葉の響きやリズム，修辞などの表現の特色について理解を深めること。			
	(2)	ア	古典などを読むことを通して，我が国の文化の特質や，我が国の文化と中国など外国の文化との関係について理解を深めること。			
		イ	古典を読むために必要な文語のきまりや訓読のきまりについて理解を深めること。			
		ウ	時間の経過による言葉の変化や，古典が現代の言葉の成り立ちにもたらした影響について理解を深めること。			
		エ	先人のものの見方，感じ方，考え方に親しみ，自分のものの見方，感じ方，考え方を豊かにする読書の意義と効用について理解を深めること。			
思考力・判断力・表現力等	読むこと	ア	文章の種類を踏まえて，構成や展開などを的確に捉えること。		○	
		イ	文章の種類を踏まえて，古典特有の表現に注意して内容を的確に捉えること。			
		ウ	必要に応じて書き手の考えや目的，意図を捉えて内容を解釈するとともに，文章の構成や展開，表現の特色について評価すること。			
		エ	作品の成立した背景や他の作品などとの関係を踏まえながら古典などを読み，その内容の解釈を深め，作品の価値について考察すること。			
		オ	古典の作品や文章について，内容や解釈を自分の知見と結び付け，考えを広げたり深めたりすること。			
		カ	古典の作品や文章などに表れているものの見方，感じ方，考え方を踏まえ，人間，社会，自然などに対する自分の考えを広げたり深めたりすること。	○		
		キ	関心をもった事柄に関連する様々な古典の作品や文章などを基に，自分のものの見方，感じ方，考え方を深めること。			
		ク	古典の作品や文章を多面的・多角的な視点から評価することを通して，我が国の言語文化について自分の考えを広げたり深めたりすること。			

べて、文体が歴史（『源氏物語』においてはフィクションの歴史ですが）を語る視点や内容にどのように影響するかを考えさせよう、というような活動を思いつくのです。

準備や評価に時間のかかる指導の実施時期を優先する

指導計画は、生徒たちの学びを形成的に評価しながら調整していくため、ある指導事項が、当初予定していた時期からずれることもあってよいと考えます。しかし、生徒の準備や教員による評価に時間がかかる事項については、時期を固定した方がよいでしょう。

たとえば、スピーチは、短期間で準備をさせると、皆同じような内容の、形式だけのものになりがちです。最低一か月前には条件と時期を伝え、生徒が「心の中で準備をする時間」を確保することや、実施までの間に、教員自身が、授業のなかで何度か模範の「スピーチ」をし、生徒のイメージを喚起することが、生徒に中身の濃い、自分らしいスピーチを行わせるために役立ちます。

また、まとまった量の文章を書かせる活動は、評価に多くの時間がかかるため、長期休暇の前など、添削を行う時間が確保できる時期に固定するとよいと考えます。

7　単元を構成する

単元は「身につけさせたい力」に沿って構成する

単元を構成するときには、まず、生徒に「身につけさせたい力」を決め、そのための中心的な言語活動を考えるところから始めるとよいと思います。

たとえば、漢文「背水の陣」（『史記』）を教材として、「文章の構成や展開を捉える力」を身につけさせることを目標とした単元を構成するときには、その目標に向かって生徒が「思考力・判断力・表現力等」を発揮できる活動をまず考えます。そして、たとえばその活動として、「漢軍と趙軍の動きを四コマで整理する」を考えた場合、その活動を単元の中心に据え、必ず行うようにします。

授業における活動の優先順位は、身につけたい力に直結している度合いや、教室でクラスメイトとともに行うことに意義がある度合いを考慮して決めておきます。このように活動の優先順位を明確にしておくと、自学でもできる活動を優先した結果、共同で行うはずの活動が削られてしまう、という事態を防ぐことができます。

ワークシート冊子の勧め

単元で使うワークシートをまとめた「ワークシート冊子」を作成すると、「身につけさせたい力」と言語活動を効果的に関連づけられる上、生徒に見通しをもった学習をさせられます。

次々頁以降に示したワークシート冊子は、「構成や展開を捉える」と名づけた単元のものです。教材は『史記』の「背水の陣」の段です。授業に要した時間は三単位時間です。

表紙には、単元で行う主な言語活動についての説明と、指導事項を載せています。

1頁には、漢文の構成や展開をつかむためのヒントを示しています。

2頁では、1頁のヒントを参考にして「背水の陣」の前半部分を読む活動を行います。

3頁では、背景知識と「使役形」を学びます。

4～5頁で、単元の中心となる言語活動「漢軍と趙軍の動きを四コマで整理する」を行います。このとき、4頁には意味をつかむための書き込みを行いながら、どこからどこまでを二コマ目にするか、三コマ目にするか、の区切りを自分で考えて区切り線をつけておいて、自分が書いた図を共有する際に、どこを区切れ目にしたかも説明できるようにさせておきます。この活動が単元の中心なので、全員が書けるまで時間を取ります。

6頁は5頁が早く出来上がった生徒の自学用教材として使います。この頁は副教材を参照すれば答えがわかるようにしてあります。その他の生徒には宿題とします。

7頁には、「背水の陣」の現代語訳と、その後日談にあたる内容が書かれた『十八史略』の一部の現代語訳を載せてあります。この頁は、いつでも参照してもよいことにしています。

実際に授業を行うと、図の共有までのところで、二単位時間と半分くらいを費やしました。残りの時間で、6頁の「知識及び技能」のうち、送りがな「ん」の意味に注意する部分の確認をし、さらに、韓信がなぜ「背水の陣」を取ったか、そうでなければどうなっていたかを本文の記述をもとに考えさせました。

この単元では「現代語訳を書かせる」という活動を行っていません。しかし、漢軍と趙軍の動きを四コマで整理し、それを共有するという活動によって、「構成や論理の展開を的確に捉え、要旨や要点を把握する力」をつけることはできていたと考えます。実際に、図を共有して説明し合うなかで、「そういうことだったのか」という気づきの声があちらこちらから聞こえてきました。

もちろん、用字や句法の知識、現代語訳なども、漢文を読むに当たっておさえておきたい事柄です。しかし、「身につけさせたい力」はそれだけではないはずですから、常にそれらを優先にして指導を行う必要はありません。学ばせたい事柄をあらかじめワークシート冊子に組み込んでおき、単元のなかで優先すべき事項は授業時間を使い、優先順位が低めで、授業時間では扱えなかった事柄を自学用の教材にしておくと、「身につけさせたい力」と直結した言語活動を時間的な余裕をもって行うことができると思います。

2年古典探究　授業ワークシート2

二年　組　番　氏名（　　　　）

構成や展開を捉える

この単元では、漢文の意味の取り方や用字・句法を学びながら「背水の陣」を読み、場面を4コマで図示する活動を通して、構成や展開を捉えます。

本単元での学習事項（下の記号は学習指導要領の対応項目）

【知識及び技能】

・古典の文の成分の順序や照応、文章の構成や展開の仕方について理解を深めること。(1)―ウ

【思考力・判断力・表現力等】

A　読むこと

・文章の種類を踏まえて、構成や展開などを的確に捉えること。（ア）

0

ワークシート表紙：主な言語活動の説明と指導事項

漢文の意味の取り方

1．リード文をよく読み、場面設定や背景となる事情をつかむ。

2．注は必ず読む。動詞の意味など、読むために重要な情報は簡単に書き込むとよい。地名や官職名などの固有名詞は左側に傍線を引いておく。

3．**誰が**、**〈どうした〉のかを追いながら読む。**

・主語を□で囲む、あるいは左側に傍線を引くと読みやすい。（主語が書かれていない場合は補う。）

・主な動詞を〈　〉で囲むとわかりやすい。

（例）

韓信の軍は
未至井陘口三十里〈止舍〉。

韓信の軍が宿営したことをつかむことができる。

・その他、重要な語句は○で囲むなどして目立たせる。

4．**発言や行動の意図を考えながら読む。**

（例）「今日破趙会食。」

なぜ、「今日」決着をつけることを強調したのか？

5．**論理的な整合性を意識して読んでいく。**

※日本において、漢文は、政治や道徳の教科書のような役割で享受されてきた側面が大きい。だから、日本の教科書に載る漢文や入試問題に出される漢文は、論理が整い、「なるほど」と思わされる内容が多い。

6．**分からない部分があったら保留とし、大枠を理解することを優先する。**

※すべての部分を完璧に理解したいという気持ちが強すぎると、読み取りが途中で止まってしまう。「保留する勇気」をもつこと。

1

ワークシート1：構成・展開をつかむヒント

背水の陣　1

未《ルコト》至井陘口三十里止舎。夜半伝発、選軽騎二千人、人持一赤《せき》幟、従《より》間道革《かくシテ》山而望趙軍。誡《いましメテ》曰、「趙見我走、必空《むなシクシテ》壁逐。我。若《なんぢ》疾《とり》入趙壁、抜趙幟、立漢赤幟。」令其裨将伝飧《そんヲ》曰、「今日破趙会食。」諸将皆莫信、詳《いつはリ》応曰、「諾《だくト》。」謂《いヒテ》軍吏曰、「趙已《すでニ》先《まヅ》拠便《べん》地《ちニ》為《つくル》壁。且彼未見吾《わが》大将旗鼓、未肯撃前行。恐吾《われ》至阻険而還《かヘランコトヲ》。」信乃《すなはチ》使万人先行、出背水陳《ぢんセ》。趙軍望見而大笑。

読み取りポイント

・「軽騎二千人」に赤幟を持たせたのは何のためか。

・趙軍はなぜ笑ったのか。

2

ワークシート２：「背水の陣」の前半を読む

保留にしても良い部分（背景知識がないと理解するのは難しい）

彼未見吾《わが》大将旗鼓、未肯撃前行。恐吾《われ》至阻険而還《かへランコトヲ》。」

（趙軍は、ただ漢軍を撃退すればよいとは考えず、漢軍の大将を倒して勝利をおさめようとしている。だから）彼らは我が軍の大将の旗や太鼓を見ないうちは、まだ先行部隊を進んで攻撃しようとはしないだろう。我が軍が険阻な地に来て引き返すことを憂慮しているからだ。」と。

重要句形　**使役形　パｐ８６、８７**

1、次を書き下し文にせよ。

令其裨将伝飧《そんヲ》曰、

（　　　　）

2、次の文の「望」を「望マシム」と読むのは、なぜか。説明せよ。

夜半伝発、選軽騎二千人、人持一赤《せき》幟、従《より》間道革《かくシテ》山而望趙軍。

（　　　　）

3

ワークシート３：背景知識と使役形の学習

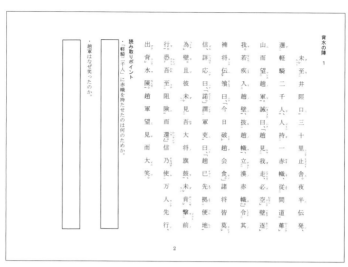

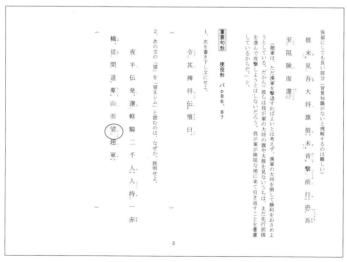

背水の陣　2

平旦、信建大将之旗鼓、鼓行出井陘
口。趙開壁撃之《これ》、大戦良《やや》久。於《お》是《ここ》信・張耳、
詳《いつは》棄鼓旗、走水上《ほとり》軍。水上軍開入之、復《また》
疾戦。趙果空壁争漢鼓旗、逐韓信・張耳。
韓信・張耳、已入水上軍、軍皆殊《きは》死戦、不
可敗。信所出奇兵二千騎、共候《うかが》趙空壁、
逐利、則《すなは》馳《は》入趙壁、皆抜趙旗、立漢赤幟
二千。趙軍已不勝、不能《あた》得信等。欲還帰
壁。壁皆漢赤幟而大驚、以《おも》為、漢皆已得
趙王将矣。兵遂《つひ》乱遁《とん》走《そう》。趙将雖《いへ》斬之、不
能禁也《なり》。於是漢兵夾《はさ》撃、大破虜《とりこ》趙軍、斬
成安君泜水上、禽《とりこ》趙王歇《あつ》。

補注　戦いの構図

	王	大将
漢	劉邦《りゅうほう》	韓信《かんしん》・張耳《ちょうじ》
趙	歇《あつ》（けつ）	成安君《せいあんくん》・陳余《ちんよ》

4

ワークシート4：漢軍と趙軍の動きを四コマで整理する（1）

言語活動

「背水の陣」の漢軍および趙軍の動きを、4コマに分けて整理しなさい。
教科書p25の図を参考にしてもよい。

1

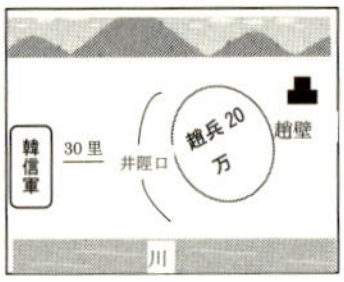

2

3

4

5

ワークシート5：漢軍と趙軍の動きを四コマで整理する（2）

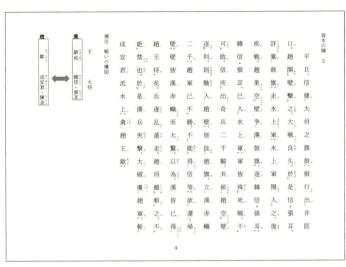

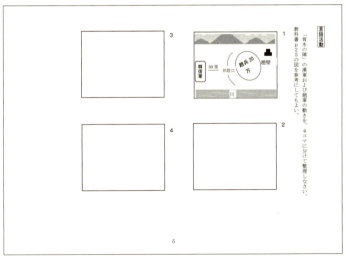

知識及び技能

用字　パンダシールに載っている字の読みや意味をおぼえよう。特に赤字は最重要語句。

（単独で重要な字）

・「従」　**従**二間道一望マシム二趙軍ヲ一。　読み（　　　）

・「若」　**若**立二テヨ漢ノ赤幟ヲ一。　読み（　　　）

※「若」のその他の読み→（　　　）（　　　）（　　　）

・「疾」　**疾**入リ二趙ノ壁ニ一、抜ケ二趙ノ幟ヲ一。　読み（　　　）

・「背」　**背**レ撃ツコトヲ二前ノ行ヲ一。　読み（　　　）

※「背」のその他の読み→（　　　）（　　　）

・「已」　趙軍**已**不レ勝タ、　読み（　　　）**意味**（　　　）

※「已」のその他の読み→（　　　）（　　　）（　　　）

（複合語）パンダp211～

・「於是」　**於是**信・張耳、詳リテ棄テ二鼓幟ヲ一、

読み（　　　）意味（　　　）

・「以為」　**以為**、漢皆已ニ得タルト二趙ノ王将ヲ一。

読み（　　　）意味（　　　）

句法

否定形　パンダp42

・「不可」　**不**レ**可**レ敗。　文全体の読み（　　　）

文全体の訳（　　　）

※「不可」には（　　　）と（　　　）の二つの意味がある。

否定形　パンダp41

・「不能」　**不**レ**能**レ禁。　文全体の読み（　　　）

文全体の訳（　　　）

願望形　パンダp73

・「欲」　**欲**還二帰壁一。　文全体の読み（　　　）

文全体の訳（　　　）

送りがなの「ん」の意味に注意（「ん」は文語助動詞の「む」）

趙我が走ぐるを見るや、必ず壁を空しくして逐はん。意味（　　　）

今日趙を破りて会食せん。意味（　　　）

吾阻険に至りて還らんことを恐るればなり。意味（　　　）

6

ワークシート6：用字・句法の整理

●現代語訳

（漢軍は）井陘口の手前三十里の所でとどまり宿営した。（韓信は）夜半に軍令を伝えて行動を起こさせ、軽騎兵二千人を選び、各自に赤いのぼり旗を持たせて、裏道伝いに進ませ山に隠れて趙軍をうかがわせた。命じて言うには、「趙は我々が敗走するのを見るや、必ずとりでを空にして我が軍を追うだろう。（そうしたら）おまえたちは急いで趙のとりでに入り、趙の旗を抜いて、漢の赤いのぼり旗を立てよ。」と。軍の副将軍たちに簡単な食事を（兵士たちに）配らせて言うには、「今日趙を打ち破って会食しよう。」と。将軍たちに（それを）信じる者はなかったが、心得たふりをして言うには、「承知しました。」と。（韓信は）兵を取り締まる役人に向かって言うには、「趙はすでにまず戦うのに有利な土地を占拠してとりでを築いている。それに彼らは我が軍の大将の旗や太鼓（、つまり本隊）を見ないうちは、まだ先行部隊を進んで攻撃しようとはしないだろう。我が軍が険阻な地に来て引き返すことを憂慮しているからだ。」と。韓信はそこで一万の兵を先発させ、（井陘関を）出て川を背に布陣させた。趙軍はこれを望み見て大いに嘲笑した。

夜明け方、韓信は大将の旗と太鼓を押し立てて、太鼓を打ち鳴らしながら前進して井陘関から討って出た。趙軍はとりでを開いてこれを迎撃し、やや長い間大いに戦った。そこで韓信と張耳は、負けたふりをして太鼓や旗を捨て、川岸の軍営に逃げ込んだ。川岸の軍営は陣を開いてこれを迎え入れ、再び激しく戦う。趙軍は案の定とりでを空にして漢の太鼓や旗を争奪し、韓信と張耳を追撃してきた。韓信と張耳は、すでに川岸の軍に入り、軍はみな決死の覚悟で戦い、（趙軍はこれを）打ち破ることができなかった。韓信が出動させた奇襲部隊の二千騎は、いずれも趙軍がとりでを空にして戦利品を追い求めるのをうかがい見て、馬を走らせて趙軍のとりでに入り、趙の旗をすべて引き抜いて、漢の赤いのぼり旗二千本を立てた。趙軍はもはや勝つ見込みがなくなり、韓信らを捕らえることもできなかった。（そこで自軍の）とりでに戻ろうとした。（すると）とりで（の上）はすべて漢の赤いのぼり旗になっていたので非常に驚き、漢はすでに趙王や将軍たちをみな捕らえてしまったと思った。かくして兵たちは混乱して逃走し始めた。趙の将軍が逃げる者を切り殺したが、制することはできなかった。そこで漢の部隊は挟み撃ちにして、さんざんに撃破して趙軍を捕虜にし、成安君を泜水のほとりで斬り、趙王の歇を捕らえた。

●参考　後日談（『十八史略』より）

諸将が勝利の祝いをし、（韓信に）尋ねて言いました。

「兵法では、『山や丘を右にしたり背にしたり、川や沢を前にしたり左にして陣を取りなさい』とあります。今回川を背にして勝利したのはどうしてでしょうか。」と。

韓信は言いました。

「兵法に、『兵を死ぬような場所に陥れてはじめて、活路を見出すことができ、兵が滅ぶような場所においてはじめて、生き残ることができる。』と言っていないか（いや、言っている）。」と。諸将は皆、感服しました。

7

ワークシート7：「背水の陣」の現代語訳と後日談（『十八史略』）

8　一時間ごとのスケジュールを立てる

学びのタイムスケジュールを立てる

筆者は、毎時間、タイムスケジュール（次頁参照）を作って授業をしています。一つ一つの活動が何分かかるかを書き、累計の分数をその横に書きます。

以前は、そういうことをするのは、研究授業の時だけでよいと思っていました。授業の進行は、生徒の反応によって変わるものであるから、一時間ごとに行う内容だけを決めればよいと思っていたのです。

分刻みでスケジュールを決めるようになったきっかけは夏期講習でした。希望者を募って九〇分で完結する講習を計画しているとき、この授業には「次の時間」がないことに気づきました。そこで、必ず九〇分で予定の内容が終わるように、分単位で綿密にスケジュールを作りました。演習一題にかける時間、説明を聞く時間、周囲と意見共有に使う時間などについての適切な時間を、生徒の身になってシミュレーションしました。そして、そのようにスケジュールを作った講習を行ってみたところ、大きな成果を感じました。それは、授業の中身が濃くなったということです。

それまでの自分の授業では、生徒の反応を見ながら、そのつど展開の仕方を考えていました。こう言うと恰好よく聞こえますが、それは時間の見通しが甘いまま、思いつきで活動をしていたということで、後になってから、無駄な部分に気づくこともよくありました。ところが、分刻みでタイムスケジュールを作ると、その無駄を、先廻りして消去できるのです。そこで、普段の授業においても、一時間ごとのタイムスケジュールを作るようになりました。このタイムスケジュールは、第Ⅱ部の「授業レシピ」にも載せています。

もちろん、生徒から思いも寄らない質問が出て、その対応にしっかりと時間を取りたい場合もあります。そういうときも、タイムスケジュールという「設計図」があれば、それをもとに、この後どこで調整できるかを考えることができます。

	【『である』ことと『する』こと】①
	・プリント配布、副教材『現代文単語』活用のし方。（3分） pp.8-9「抽象具体」、pp.10-11「特殊普遍」
3	・pp.168-170 L11 を書き込みしながら黙読。（6分）
9	・要点を相手に1分で説明（じゃんけんで勝った人）。（2分）
11	・問1に取り組む。（5分）
16	・スライド解説。（4分）
20	・pp.170-173 L9 を読む(必要に応じて裏面に概念図)。（7分）
27	・問2、設問指示（スライド）。（1分）
28	・記述。（10分）
38	・スライドで解説。（7分）
45	

タイムスケジュールの例

結果的に「働き方改革」につながる

一時間ごとにタイムスケジュールを作るのは、面倒なことかもしれません。ところが、いざやり始めると、メリットが多すぎて、やめられなくなってしまいました。

そのメリットの一つは、授業中に教える内容に混乱が生じないということです。たとえば筆者は、令和六年度には、二年生の「古典探究」、三年生の「古典探究」、三年生の「論理国語」の三科目を担当しています。同じ「古典探究」という科目でも、二年生と三年生では既習事項が違います。その場で進行を考えながら授業をすると、学年の違いがあいまいになり、二年生にまだ教えていないことを既習事項として扱ってしまうなどの混乱が生じがちです。しかし、分刻みで生徒が行うべき課題や指導をあらかじめ考えておけば、そのような混乱は生じません。

また、情報処理を行いながら他の情報を保持するワーキングメモリは、加齢によって衰えることが知られていますが[1]、還暦となった筆者は、生徒に説明をしながら頭の中で進行を考えていると、この後、何をさせようと思っていたのかがわからなくなってしまうことがあります。タイムスケジュールがあれば、そのようなことも起こりません。そうした意味では、タイムスケジュール作りは、新人よりも、ベテランの教員にこそメリットが大きいといえます。

また、違う科目を五分の休憩をはさんで連続で担当するようなときも、最初に何を何分行うかがスケジュールに書かれていることで、頭をすぐに他の科目に切り替えることができます。

さらに、次の年度には、このスケジュールは大きな力を発揮します。ある科目についての一年間のタイムスケジュールは、科目の「レシピ本」として、汎用性をもちます。それは、次年度に同じ科目を担当する時にはもちろん、他の科目を担当する際にも大いに参考になります。つまり、タイムスケジュールを立てることは、結果的には、労働時間の圧縮、働き方改革につながるのです。

また、タイムスケジュールを作ったり、実態に合わせて修正したりする作業を繰り返すことによって、活動に生徒が要する時間や、説明に自分がかける時間を見込む精度が上がっていきます。筆者は管理職による授業観察の際に、このスケジュールを渡していますが、後で「本当に時間通りですね」と言われます。そして、時間を見込む精度が上がると、スケジュールを立てるために使う時間も短くなっていきます。

1　長縄久生「ワーキングメモリと中高年」（独立行政法人労働政策研究・研修機構 web サイト二〇〇八年五月二三日記事 https://www.jil.go.jp/column/bn/column100.html）

9　古典にこそ言語活動を

古典の授業の必要性を説く前に

古典の授業は必要ないのではないか。そういったことばを、耳にすることがあります。例えば二〇二〇年には現役高校生による「高校に古典は本当に必要なのか」というシンポジウムがオンラインで開催され、その内容が書籍化されています。[1]

「必要なのか」という言葉尻をとらえて、今すぐに役立つもの以外は「不要」と切り捨てる短絡的な考え方を批判することもできるでしょう。しかし、学校生活において、すぐに役立たないものすべてが「不要」と話題になるわけでもありません。例えば、音楽、美術などの芸術科目や文化祭などの学校行事は、古典ほど必要性が話題に上がらないのではないでしょうか。

古典の必要性が云々される背景には、学習者に「古典を学びたくない」と思わせてしまう授業のあり方があると考えられます。

高木一彦氏は、一九九七年に大東文化大学の日本文学科に籍をおく三三一名の学生に対して行った、高校の古典の授業の好き嫌いに関するアンケートの結果を公表しています。[2] それによると、古典の授業が「嫌だった」という答えは七〇％（二三二名）で、その主な理由は、左の通りでした。

・文法的な処理が中心で　一七二名
・原文の厳密な解釈重視で　一一七名
・受験用で味わうことがなく　一〇一名
・内容がわからなくて　三二名
・一部だけで全体像がわからず　二〇名

この調査によると、古典の授業は七割の学生に嫌われ、その理由のほとんどは、文法指導や厳密な解釈中心の授業内容です。

学生たちだけではなく、古典研究者たちも、文法指導中心の授業に異議を唱えています。

たとえば、日本文化研究の第一人者であるドナルド・キーン氏も、日本の古典の授業の教え方に疑問を呈しています。次に引用するのは、二〇一二年に氏が「古典の日」制定を記念したシンポジウムで行った講演[3]の一部です。


　しかし不満が一つあります。それは現在、日本人が自国の素晴らしい古典から離れてきたからです。古典の日ができたことで古典を読む人が増えたら大変うれしいと思います。しかし、古典文学に対する人々の無関心を改善することは簡単ではありません。一番の問題は国文学の教え方です。初めて古典に出会う高校生はみんな、教え方のために国文学を嫌うようになっています。「源氏物語」を数ページ読むだけで、しかも文学としては教えず、文法ばかりに力を入れる傾向があります。学生は「コソ」や「ゾ」について学んだり、正しい係り結びを学んでも、文章の美しさ、登場人物の性格や筋の面白さを覚えません。要するにどうして世界中で「源氏物語」が各国語に訳され、素晴らしい傑作として広く読まれているか、さっぱり分からないままです。幸い「源氏物語」の現代語訳が相当あり、読んだ学生は文学的な悦びを得られます。言うまでもなく、原文を読んだ方がはるかにいいに決まっています。翻訳は原文に及びません。しかし、死語や複雑な文法に阻まれて古典を楽しめない高校生にとっては「源氏物語」は受験の準備にすぎません。

現代語訳を読んで、教師の講義を聞いたら、文学として理解ができて楽しめるでしょう。現代語訳を嫌う人の立場も分かりますが、そういう専門家に「トルストイをロシア語で読んでいますか?」「イプセンをノルウェー語で読んでいますか?」「ドン・キホーテをスペイン語で、聖書をいくつかの死語で読みますか?」と意地悪く聞きたくなります。

つまり、問題は「古典の授業の必要性」ではなく「文法中心の古典の授業のあり方」なのではないでしょうか。

文法中心の授業が行われる理由

文法中心の古典の授業は、なぜ行われているのでしょうか。

その原因は、学習指導要領にはありません。古文の授業の多くでは、歴史的仮名遣いの読み方に始まり、動詞、形容詞、形容動詞の活用、そして助動詞の意味、用法と活用、漢文においてもまず返り点の読み方から……というように文法・句法の指導が定型の順序で進められているようですが、学習指導要領に、一年生で文語動詞の活用を指導する、などと書かれているわけではありません。そもそも「動詞の活用」「助動詞の意味」などという語句は学習指導要領にないのです。たとえば高等学校の必修科目「言語文化」の指導事項には、

古典の世界に親しむために、古典を読むために必要な文語のきまりや訓読のきまり、古典特有の表現などについて理解すること。（知識及び技能（2）ウ　傍線は筆者による）

と書かれているだけです。さらに、文語のきまりや訓読のきまり等については「『読むこと』の指導に即して行うこと。」と、文法に特化した指導を行うことを抑制する注意書きまでついています。高等学校学習指導要領では、昭和四五年に告示されたものに、

「生徒の能力や興味の程度を越えて専門的な指導を行わないようにすること」（「古典Ⅰ乙」

という注意を付してから五〇年以上、一貫して文法指導中心の古典の授業を否定してきたのです。
それでは、文法や句法中心の授業が行われるのはなぜでしょうか。その理由は二つあると考えられます。一つは進路実現のため、つまり、入学試験対策です。
もし、古典の入学試験問題が、

あなたが外国からの客人に、「日本人は桜が好きだとよく言われます。日本の古典作品に、桜はどのように表現されているのですか？」と質問されたら、あなたはどのように説明しますか。

というようなものや、

日本では能や文楽などのように、古典作品が劇化されることがよくありますが、あなたが演劇として見たい古典作品は何のどの場面ですか。その理由も答えてください。既に劇化されていて、鑑賞した作品についての分析でも構いません。

というようなものであったら、古典の授業は、文法や句法の指導中心のものになってはいないと思われます。

しかし、多くの入試問題は、与えられた作品の読解が主となっています。

さらに、大学入試問題には、教科書によく載るような、有名な場面はあまり使われません。生徒が使う教科書によって有利不利があるといけないということなのでしょうか。そして、大学入試問題に、生徒の知らない作品が多く出題される結果、進学校の教員は、生徒の進路実現のために、そうした「初見の古典」を読み解くためのノウハウを教えることになります。それが、文法や句法中心の授業です。そのようなことが続くと、進路実現のために便宜的に行っていた文法や句法の指導が絶対的なものになり、ついには教師自身が古典教育の目的を「生徒に初見の古典を自力で読み解く力をつけること」であるかのように感じてしまうということも起こりがちです。

進路実現のために、ある程度の文法や語法の指導は必要かもしれません。しかし、もっと大切なのは、生徒たちに古典を楽しんでもらうことです。将来も古典を読みたいと思う心を育てることです。ところが、「初見の古典を自力で読み解くこと」を目標とした、文法指導と現代語訳を専らに行う授業は、先述のアンケートが示したように、古典嫌いを生み出してしまうのです。生徒は将来、初見の古典をひもとくどころか「古典はもうこりごり」と思ってしまうのです。

文法や句法中心の古典の授業が行われる二つ目の理由としては、国語科教員が、古典の授業の「授業らしさ」を「文語のきまりや訓読のきまり」に依存していることにあると考えられます。

松本麻奈美氏は、古典は「大学受験に向け、あるいはそうでなくてもまずは文語文法の基礎を身につけることから始めることが原則」で、「ある程度型にはまった授業が展開できる」と指摘しています。[4]

また、上村幸雄氏は「古文の教師も『な・に・ぬ・ぬる・ぬれ・ね』とか、わが特技を披露していれば、授業時間はかんたんにつぶれ、教師の権威もたもたれる」ので、「『現代国語』より『古文』をこのむ教師はすくなくない」[5]と述べています。

このように、国語科教員のなかに「型にはまった授業が展開できる」科目を好む傾向があることは、拙著『「現代の国語」はなぜ嫌われるのか』[6]でも示唆したとおりです。その「型」にあたるものが、文法や句法の指導なのです。

この「型」に無自覚に依存していると、大学進学者が極度に少なく、入学試験で古典の科目を課される生徒が一人もいないような高等学校でも、文法に特化した内容に多くの時間がかけられることになります。こうした学校で、生徒の生活や興味・関心とかけ離れた知識や技能を定着させることは困難です。前時にさんざん説明して、声に出して覚えさせたはずの文法事項が、次の時間にすっかり忘れ去られていることも少なくありません。そこで、またくり返し指導します。教師が「とにかく文語動詞の活用だけでもマスターしなければ、彼らに古典を読む力をつけることはできない」と信じているからです。しかし、生徒にとって、それはつらい時間となります。さまざまな昔の作品との楽しい出会いができるはずの、古典の時間のはじまりのところで、古典嫌いを生み出してしまうことになります。

こうした学校では、現代語訳なども活用しながら作品を読むことを中心にすえて、文法事項は作品をより深く理解するために折に触れて説明するぐらいでよいのではないでしょうか。

以前、現代語訳を使った古典の授業を発表した時に、「現代語訳などを使って、高校の古典の授業と言えるのか」というご意見をいただいたことがありました。

しかし、高等学校学習指導要領に、

古典の教材については、表記を工夫し、注釈、傍注、解説、現代語訳などを適切に用い、特に漢文については訓点を付け、必要に応じて書き下し文を用いるなど理解しやすいようにすること。

（「言語文化」内容の取扱い（4）イ　傍線は筆者による）

とあるように、現代語訳を適切に使った授業は、学習指導要領で認められています。

「文法・句法指導をし、現代語訳をさせる」という「型」に代わる、生徒に古典を学ばせる方法が、高等学校ではあまり広がっていないために、現代語訳を使った授業が古典の授業と認められにくいのではないでしょうか。

生徒に古典を学ばせるためのさまざまな言語活動が開発され、広がることによって、古典嫌いは減らせるはずなのです。

古典に親しむ心を育てる

筆者は、学校で古典を教える一番の目的は、生涯にわたって古典に親しむ心を育てることだと考えています。社会人になってから文法や句法の知識を使う機会は、教師や研究者にならない限りはほとんどないでしょう。

さきほど、「初見の古典を自力で読み解くこと」を目標とした授業が、古典嫌いを生み出しがちであると述べました。筆者は、能楽鑑賞を趣味としていて、鑑賞前には、謡曲のもとになっている『源氏物語』や『平家物語』の一部を『新潮日本古典集成』で読んでから出かけます。その全集本は、解釈が難しい語句にはセピア色で訳が施され、丁寧な頭注もついているもので、文語文法の知識がなくても理解できるものです。大人になってから読む古典は、このくらいのもので十分なのではないでしょうか。古典教育が、生徒たちに獲得させるプレゼントは、初見で読み解けるかどうかに関わらず、「古典を読んでみたい、古典に触れてみたい」と思う心なのだと思います。

ですから、単元が終わったときに「面白かった」「興味深かった」「印象に残った」と思ってもらえなければ、その授業は失敗だったと思っています。筆者が古典の単元を準備する時には、「この単元では、どのようなしかけによって作品を自分のものにしてもらうか」ということを最初に考えます。

なお、さきほど文法や句法指導ばかりの古典の授業に苦言を呈しましたが、もちろん文法指導がいけないわけではありません。文法や句法の指導も古典に親しむ心を育てることと無関係ではありません。

たとえば、『源氏物語』桐壺巻の冒頭、

> いづれの御時にか、女御、更衣あまたさぶらひたまひける中に、いとやむごとなき際にはあらぬ[が]、すぐれて時めきたまふありけり。

の、四角囲いを施した「が」は同格の助詞ですが、なぜ逆接の接続助詞ではないのかを、ある進学校で、生徒たちにペアワークで考えさせました。

その後に、接続助詞「が」が中古末以降に発達したもので、平安中期に成立した『源氏物語』の時代には存在しないからだと説明すると、生徒たちは、「なーんだ」と笑い出しました。生徒たちは、自分たちの既習知識を使って、なにかテクニカルな説明ができないかと知性を働かせていたのです。

しかし、その文法的事実が、石垣謙二氏が膨大な文献調査を結実させた「助詞の歴史的研究」[7]によって初めて明らかにされたことや、氏が一九四七年にこの研究を発表した数か月後に三十四歳の若さで病死していることを[8]話すと、生徒たちは、今学んでいる事柄と、先人の研究との繋がりを認識し、その目にはさっきとはまた違った知性の光が見えました。

古典に親しむとは、古典を通して、ここまで積み重ねられてきた人間の営為に思いを馳せることでもあり、文法や句法の指導のなかにもその可能性はあるのだと思います。

言語活動が広げる古典教材の可能性

古典の授業に、文法と現代語訳という「型」だけではなく、さまざまな言語活動を「型」として活用することで、今まで高等学校の古典の時間にあまり扱われていなかった作品が扱いやすくなるのではないでしょうか。

高校教育や教科書編集に携わり、神話や古典の研究者であった益田勝実氏は、

> これまで、高等学校の古典文学の学習は、平安時代文法の学習を中心に展開される慣習を守ってきた。現代語の方に、「学校文法」という面妖なものが成立しているように、学校の古典文法として平安時代語の文法がある。一つの文法体系だけを教えるから、その一つの古語体系の知識で読み解きうるものだけ、古代物語や古代和歌、古代の女流日記、そのエピゴーネンとしての中・近世の擬古文が、学校の文学の古典の中心に坐り、その語法からはくずれたことばである西鶴の作品などが、肩身狭そうにお相伴役を勤めることになる。ただ一つの中心古典語の想定が、逆に文学の古典のなかみまで規定する倒錯現象が、そこに生じた。時代から時代へと生きて動き、新しい多様なことばの形式と機能を生み出した、民族のことばの大きな流れと遭遇する機会を、若者たちから奪った。[9]

と述べています。平安文法中心の学習が、読む古典作品を決めているという指摘です。

以前ある研究授業で「どうして（枕草子の）その段を教材としたのか」という質問に対して授業者が「その段には形容詞が多く使われているので、形容詞の活用を学ばせるのに適していると考えたからです」と返答したことがありました。こうした教材の選び方は、まさに文法が作品を決めるという例でしょう。

しかし、「文法・句法指導をし、現代語訳をさせる」という「型」以外の「言語活動」という「型」を使用すれば、そうした制限なく、さまざまな作品を授業で扱いやすくなります。

たとえば、沖縄や北海道などの地域の古典です。沖縄では一九七〇年に『高校生のための古典副読本　沖縄の文学』が刊行されて以来、沖縄の古典文学の指導が実践されていますし[10]、沖縄の歌謡「おもろさうし」は高等学校の古典教科書にも何度か採録されています[11]。また、国語教育の学会で、北海道に伝わるユーカラ等のアイヌ文化を国語科の授業でもっと扱おうという提言がなされたりしています[12]。しかし、沖縄の古典が平安文法では解釈できないことや、アイヌ民族には文字がなく、物語が口伝されてきたことなどから、「古典の教材」として認識されにくい現実がありました。しかし、「文法・句法指導をし、現代語訳をさせる」という型から脱却し、「言語活動」によって学ぶ方法をとれば、沖縄歌謡をグループで選び、朗読、舞踊、現代語による説明を組み合わせて発表する活動や、アイヌ民族文化財団からYouTubeに公式にアップロードされているアイヌ語音声、日本語字幕による動画を使った活動など、さまざまな可能性が広がります。

古典学習に「言語活動」を取り入れることは、学習者に古典を学ぶ楽しさを実感させられるとともにに、今までの文法・句法中心の古典教育観では、「古典らしい授業ができない」と敬遠されがちだった作品との出会いを生徒たちに与えることができるのではないでしょうか。

1　長谷川凜ほか『高校に古典は本当に必要なのか　高校生が高校生のために考えたシンポジウムのまとめ』文学通信　二〇二一年。
2　高木一彦「なにのための古典教育か？」『国文学　解釈と鑑賞』至文堂　一九九七年　二月号　二二一〜二三頁。
3　nippon.com「現代語訳が古典への扉を開く―ドナルド・キーンが残したメッセージ」二〇二三年十一月一日記事(https://www.nippon.com/ja/japan-topics/b09014/)。
4　松本麻奈美「中学生と国語の授業で何をどのように学んだらよいのか」『横浜国大国語教育研究』第29号　二〇〇八年　三頁。
5　上村幸雄「古典を教えること」(『言語生活』一九七九年一月号　一八頁)。
6　『「現代の国語」はなぜ嫌われるのか』学而図書　二〇二二年。
7　石垣謙二『助詞の歴史的研究』岩波書店　一九五五年。
8　大野晋「日本語と私」河出書房新社　二〇一五年　一四四〜一四五頁。
9　益田勝実「古典文学教育でいまなにが問題なのか」一九七五年(『益田勝実の仕事5』ちくま学芸文庫　二〇〇六年　二八三頁)。
10　渡辺春美『戦後古典教育実践史の研究』溪水社　二〇二二年　二二九頁。
11　米嵩睦子、村上呂里「小学校におけるオモロ歌謡の教材化と授業―『ゑけ上がる三日月や』を色紙に表現して贈る―」『琉球大学教育学部教育実践総合センター紀要　第二十号』二〇一三年　五六〜五七頁。
12　佐野比呂己ほか「多文化共生社会を基底とするカリキュラム構築　アイヌ文化を国語科に」(二〇一八年全国大学国語教育学会ラウンドテーブル1)。

第Ⅱ部

実践編

1　意見文を書く

A 「書くこと」自体を学ぶための活動（甘口〜辛口）

「教えたことだけを評価する」作文指導

本節では、意見文の構成を指導するための三つのレシピを紹介します。基本のレシピは、課題文が与えられ、それについての自分の意見を書く活動（中辛）です。次のレシピは、「時間」というテーマだけが与えられ、それをもとに、どのような問題提起をするかを一から考える活動（辛口）です。最後のレシピは、論題と、論理構成の枠が与えられ、それに合わせて意見を書く活動（甘口）です。学習者の到達度によって活動を選んでもよいし、甘―中辛―辛と段階を踏んで指導してもよいと思います。また、作文指導は、評価に時間がかかることが実施の障壁となりがちです。そこで、短い時間で効果をあげられるように、「教えたことだけを評価する」方法を紹介しています。

我々国語科教員は、生徒の作文の全体を見て、くまなく添削指導しなければならないと思ってしまいがちです。しかし、それが作文の指導を行いにくくしています。

以前筆者は横浜国立大学の青山浩之教授から書写の指導法を学ぶ機会がありました。そこで、字の「はらい」の部分を主に学習する時間には、その部分だけを評価する方法があるということを知りました。作文においても、「教えたことだけを評価する」ことは、教員の採点の負担を減らすだけではなく、授業の「ねらい」に沿った力がついたかどうかを見極められるという利点があります。

ただし、一回の作文における「成績に残す評価」の項目を絞り込むことは、学習指導要領に設定された指導事項をカットすることではありません。年間計画に、すべての指導事項を設定するなかでの工夫です。また、成績に残す評価としないことは、指導事項として取り上げないこととイコールではありません。たとえば誤字脱字、原稿用紙の使い方、接続語の使い方といった「知識及び技能」の領域については、小さな○印などをつけて本人に気づかせる、作文を返却した後に、改善が必要な顕著な例を全体に示して自己批正させる、などの方法を使って、形成的な評価を行うことができると考えます。

さらに、説得力や独創性については、全員の作文を共有（印刷あるいはgoogleフォーム等を利用した配信）し、よいと思った作文とその理由を書かせるという方法によって、次に目指すべき姿を自覚させるという形での指導も可能です。

身につけさせたい力――「書くこと」構成の検討

本節で紹介するレシピで身につけさせたい力は、論理の展開、情報の分量や重要度などを考えて、文章の構成や展開を工夫する力です。

1 【基本のレシピ】課題文に対する意見を書く（中辛・2時間）

「基本のレシピ」では、「構成や分量をあらかじめ考え、原稿用紙の上余白に書いた具体的な書き込みを生かしながら文章の構成や展開に工夫を凝らす姿」を、育ちの姿として想定します。ここで言う「原稿用紙の上余白に書いた具体的な書き込み」とは、「序論・本論・結論」などの形式的なものではなく、結論は何か、その理由は何か、どのような例をあげるか、のような具体的な内容を指します。

初めの数行に「行稼ぎ」のような薄い内容がだらだらと書かれ、書いているうちによいアイデアが浮かんでも、それを十分に記述するには字数が足らず、中途半端な終わり方になる作文を書く、そのような生徒が多い教室にこのレシピは向いています。

○用意するもの（詳細は後述）

・意見を引き出すための課題文

・ワークシート二種

①構想シート（作文の手引きつき）

②原稿用紙（ルーブリックつき）

●【基本のレシピ】課題文に対する意見を書く（2時間）

時	分	学習活動	評価規準・支援
1		*前時までに、課題文を読む学習を終えておく。 1．単元のねらい（分量の構成や展開を工夫する力をつける）と、作文の条件を理解する。(5分)	
	5	2．冒頭の「課題文の要約」部分を書く。(7分)	2.【読○】課題文の主張を的確に要約できている→観察 *生徒が要約部分でつまずかないように留意する。要約の例を提示してもよい。
	12	3．周囲と座席の向きを変えるだけの3～4人グループをつくり、要約が的確であるかを確認する。(3分)	
	15	4.「構想シート」を使って文章の構想を立てる。(20分) ・課題文に対する自分の立場を定める。 ・そのように考える根拠や具体例を考える（必要に応じてインターネット検索等を行う）。 ・展開の仕方を考える。	4.【知○】情報の妥当性や信頼性を吟味できている→観察 *出処の明らかな情報を使用するように助言する。 4～6.【主◎】作文の完成に向けて、情報の収集や整理をしながら、構成を工夫しようとしている。→構想シート
	35	5．ペアで、それぞれの構想を共有し、助言しあう。(5分)	
	40	6.「構想シート」にしたがって、原稿用紙の上部に、見出しを書き、内容のかたまり（要約を含み3～4程度）ごとに、分量の目安印（⏞）をつける。(10分)	
	50		

※【知】…知識・技能、【話／書／読】…思考・判断・表現、【主】…主体的に学習に取り組む態度。◎は記録に残す評価、○は形成的評価。

2		1.「作文の手引き」を参考にして意見文を書く。(50分) ・前時に書きこんだ見出しや、分量の目安の印に沿って文章を書いていく。 ・「内容のかたまり」ごとに、核となる内容を、文章として具現化していく。 ・一段落書き終えるごとに見直して、誤字脱字、文のねじれなどがないか確認する。 ・段落の文章量が目安とずれた場合は、他の段落の分量を加減して、指定字数内で書ききれるように調整する。目安の印も、実態に合わせて修正する。 ・最後まで書き終わってから修正を行う際は、字数の増減が段落内で収まるように工夫する。 ・文章のなかで最も自分の個性が出ていると考える一文に傍線を施しておく。	1.【書◎】論理の展開や情報の分量を予め考え、文章の構成や展開に工夫を凝らしている。→作文上部の書き込み及び作文
	50	2.作文の提出。 ＊手書きの作文とは別に、google classroomなどを使ってデータで作文を収集し、共有できる形で配信したり、文集として印刷したりして、互いの作文を読み、批評する学習を事後に行なってもよい。	2.時間内に書き終わらなかった生徒は宿題として後日提出させる。

○支援の詳細

i 下ごしらえ――書き込みをしながら読む練習

意見文を書く活動に先立って、「読むこと」の指導のなかで、文章の上部に「小さな要約」をする活動を行っておきます。この活動は、今回の課題文を読むなかで行っても構いません。

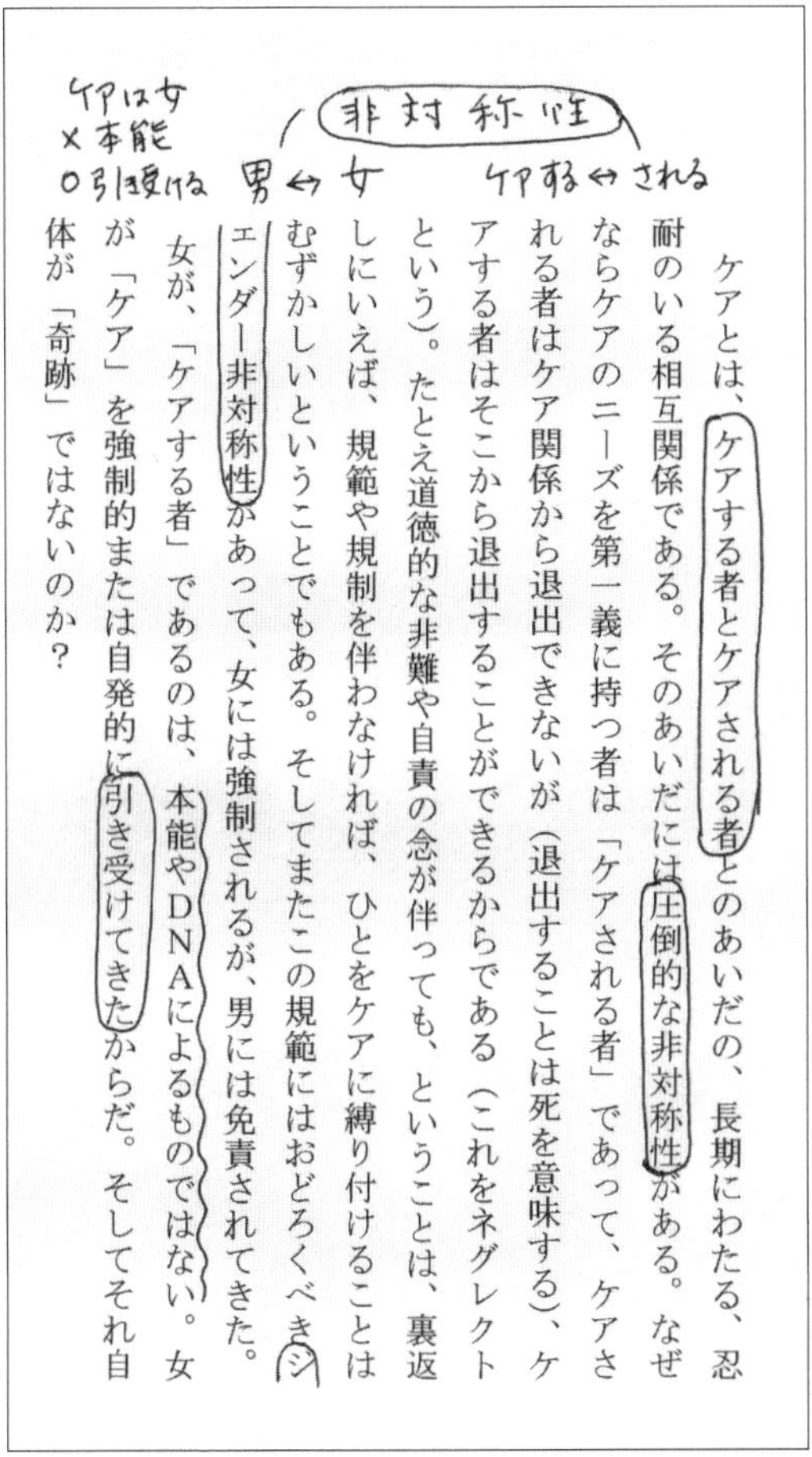

ケアとは、ケアする者とケアされる者とのあいだの、長期にわたる、忍耐のいる相互関係である。そのあいだには圧倒的な非対称性がある。なぜならケアのニーズを第一義に持つ者は「ケアされる者」であって、ケアされる者はケア関係から退出できないが（退出することは死を意味する）、ケアする者はそこから退出することができるからである（これをネグレクトという）。たとえ道徳的な非難や自責の念が伴っても、ということは、裏返しにいえば、規範や規制を伴わなければ、ひとをケアに縛り付けることはむずかしいということでもある。そしてまたこの規範にはおどろくべきジェンダー非対称性があって、女には強制されるが、男には免責されてきた。

女が、「ケアする者」であるのは、本能やDNAによるものではない。女が「ケア」を強制的または自発的に引き受けてきたからだ。そしてそれ自体が「奇跡」ではないのか？

「小さな要約」の例（上野千鶴子『生き延びるための思想』より）

意味段落ごとに「小さな要約」を施すことは、「読む」ためのツールであると同時に、筆者が文章を書く過程を遡って体験することでもあります。だから、「小さな要約」は、「構成の書き込み」をしてから文章を書くためのウォーミングアップになるのです。

ii　活動のねらいの説明例（口頭）

作文を書くとき、最初はマス目が埋まるか心配なため、だらだらと薄い内容を書き、用紙の中ごろを過ぎたあたりでよいアイデアが浮かび、しかし、既にスペースが足りず中途半端な終わり方になってしまう――振り返ってみれば、あのはじめの薄い内容の部分を縮めておけば、もっと中身の濃いものが書けたのに、と思う。そういう経験はありませんか？　あらかじめ、核となるいくつかの内容と、それらを記す分量を決めておけば、そのようなことは起こりません。
みなさんはこれまでに、文章を読むときに、意味段落ごとに「小さな要約」を書き込む学習を行ってきました。それは、今回、書く要素と分量を決めてから、文章を書くという活動のウォーミングアップでもあったのです。この活動を通して、論理の展開，情報の分量や重要度などを考えて、文章の構成や展開を工夫する力を身につけましょう。

iii　課題文の要約について

意見を書く活動のための課題文には、主張が明確なものを選ぶと、それに対する意見も明確に書きやすくなると思います。また、ふだん読解用の教材に使用している文章より、一段階読みとりやすい文章を選ぶことをおすすめします。なぜなら、生徒が課題文を誤読したり、課題文の中心的な主張ではない些末な部分に焦点をあてたりしたまま文章を書いてしまうと、それを受けた意見も説得力を失うからです。とくに、主張を読みとるのにある程度の困難を伴う、読解用の教材として想定されたような文章を使用すると、「読むこと」の壁に阻まれて、「書くこと」も破綻してしまうという事態に陥りがちです。

もし、指導計画の都合上、やや難解な文章をもとに意見文を書かせなければならない場合は、「読むことの壁」に書くことの学びが阻まれないための工夫が必要です。例えば、課題文の中心的な主張はどこかを全体で確認する、要約文の例をいくつか示してそのうちのどれかを選択させる、要約文の部分がすでに印刷された原稿用紙を使う、などの工夫が考えられます。

ⅳ 構想シート（作文の手引きつき）の内容（ワークシート①）

（作文の条件）
① 課題文を読み、それに対する自分の意見を三六〇～四〇〇字で論述する。
② 冒頭に「筆者は（この文章では）～述べて（主張して）いる。」のような形で文章の要約を六〇字程度で書く。
③ 筆者の意見に対する自分の立場を明らかにする。

④自分の意見を補強する具体例や根拠資料を一つ以上用いる。
⑤作文用紙の上余白に、内容を具体的に表す見出しと、分量のめやすを書きこんでから書く。

(構想を練る)

・筆者の意見に対する自分の立場(賛成、反対、部分的に反対など)
・そのように考える根拠や具体例(本やインターネット等で調べてもよい)
※読み手をハッとさせるような個性的な視点が表現できると、よい文章になります。そのためには、自分の主張を過去の経験や見聞と照らし合わせたり、調べた情報と自分の考えを結びつけたりして何らかの「気づき」を得てから書くようにしましょう。
・核となる内容(箇条書き、展開の順に番号を振る)

(作文の手引き)

・内容のかたまり(要約も含めて三～四程度)ごとに、見出しを書く。「序論」「本論」「結論」や「根拠」「まとめ」ではなく、「ケアの非対称性」などのように、具体的に書く。
・内容のかたまりごとに一段落とし、文章として具現化していく。
・一段落書き終えるごとに、見直して、誤字脱字、文のねじれなどがないかを確認する。
・段落の文章量が目安とずれた場合には、他の段落の分量を加減して、指定字数内で書ききれるように調整する。目安の印も、実態に合わせて修正する。
・最後まで書き終わってから加筆修正を行う際は、字数の加減が段落内で収まるように工夫する。

・文章のなかで、自分の気づきや個性的な視点を含んだイチオシの部分に傍線を施しておく。

Ⅴ　個性的な視点を表現させるための支援

金子泰子氏は『国語教師が教える二百字作文練習』の「時事評論文を書く」という課題の手引きに「読み手をハッとさせるような個性的な批評が含まれていると良い評論になります」と記し、個性的な発想を促す支援をしています。[1]

このレシピのねらいは、文章の構成や展開を工夫する力をつけることですが、金子氏の言う「読み手をハッとさせるような個性」は、構成や展開に先立つものとして、あるいは構成や展開の工夫と同時に、意識させるべきことだと考えます。そこで、本レシピでも「読み手をハッとさせる個性的な視点」を表現することを促し、そのために、自らが「気づき」を得る必要があることを説明しました。さらに、作文を提出する際に、自分の気づきや個性的な視点を含んだイチオシの部分に傍線を施すという条件をつけ、気づきや個性的な視点を意識させるようにしました。

○ここで、これを評価する（形成的評価は省略　レシピ表内の記述参照）

・「構想シート」 記録に残す評価 【主体的に学習に取り組む態度】

作文の完成に向けて、情報の収集や整理をしながら、構成を工夫しようとしているかを評価します。

・作文の記述と欄外の書き込み　記録に残す評価【書くこと】

原稿用紙に付されたルーブリックに次の二点に関するＡＢＣ評価をつけます。

①上部余白に、具体的な内容の見出しと、分量の目安が書かれ、構成や展開が工夫されている。

②自分の気づきや個性的な視点を含んだ文章になっている。

２【辛口のレシピ】時間をテーマにした意見文を書く（3時間）

「時間をテーマにした意見文を書く」は、「時間」ということばだけが与えられ、それをもとに、どのような問題提起をして意見を展開するかを一から考える活動です。基本のレシピの2時間の前に、時間をテーマにした文章例を読んだり、問題提起の内容やスタイルを考えたりするための1時間が加わります。中辛の「構想を考える」活動に、「問題提起」が加わるため、辛口としました。

このレシピにおける、意見文を書く条件は次のようなものです。

①時間をテーマにした意見文を、三六〇～四〇〇字で論述する。 ②問題提起の内容と方法を工夫する。 ③何をどのくらいの分量書くかを示す、構成メモを原稿用紙の上に書き込む。

○用意するもの（詳細は後述）

・時間をテーマにした文章の例

・一人一台のパソコンが使える環境
・ワークシート三種（②、③はルーブリックを除き「基本のレシピ」と同内容）
①問題提起を考える　②構想シート（作文の手引きつき）　③原稿用紙（ルーブリックつき）

○支援の詳細（「問題提起を考える」部分のみ）
ⅰ　下ごしらえ――問題提起についての準備学習
時間をテーマとした意見文を書く活動に先立って、時間をテーマにした文章をいくつか読み、「時間」のもつさまざまな問題提起の可能性を学んでおくとよいでしょう。例えば、内山節『時間についての十二章』[2]や、福永武彦『愛の試み』の中の「時間」[3]などがあります。
また、問題提起の方法を工夫させる下ごしらえとして、普段から論理的文章を読むときに、その文章が、どのような形で問題提起をしているかに着目させておくとよいと思います。

ⅱ「問題提起を考える」シートの内容（ワークシート①）

1　ありがちな話題を避ける 「時間」をテーマにした作文にありがちな内容を、ＡＩを使って調べなさい。ＡＩに出す条件文を工夫しながら、グループで三つ以上のバリエーションを出すこと。 2　組み合わせから発想する

「時間＋〇〇」というできるだけ多くの組み合わせを次のスペースに書き、自分の作文の「話題の入口」になりそうな組み合わせを見つけたら、インターネットで関連事項などを調べて、問題提起の構想を練りましょう。

（発想の例）時間＋友人→親友になるには一緒にいる時間が二〇〇時間を越えること（インターネット調査：カンザス大学）→短い時間でも強い結びつきはあり得る（意見）→文化祭で一緒に困難を乗り越えたあの五時間（経験）→時間の長さよりも濃さが大事では（まとめ）

3 問題提起のスタイルを考える

ここでいう「問題提起」とは、読者に「この文章ではこのことを問題とする」と知らせることです。冒頭に「時間とは何だろうか」と書く、単純な問題提起はNG。今まで教科書教材で学んできた次の五つの方法のうち、いずれかを選択すること。

Ａ　ある事実について説明することで、「それに対してどう考えるべきか」という問題提起につなげる。

Ｂ　二つの対立する物事の特徴を述べることで、「それに対してどう考えるべきか」という問題提起につなげる。

Ｃ　冒頭に筆者が考え出した定義（あるいは結論）をまず書き、「なぜそう考えるのか」という問題提起につなげる。

Ｄ　ある事象の説明、あるいはエピソードから書き始め、読者に話題とする分野についての共通理解を持たせた上で、問題提起を行う。
E 一般的に考えられがちな定義をいったん示した上で否定し、「なぜそれを否定するのか」という問題提起につなげる。

iii 補足説明——ありがちな話題とは何かをAIから学ぶ・組み合わせから発想する

「時間」というテーマを選んだのは、それがさまざまな話題に通用するテーマだと考えたからです。しかし、このような自由度の高いはずのテーマにおいて、似たような内容の作文が大量に提出されるということもあり得ます。その理由の一つとして、学習者たちが、どのような話題が「ありがち」なものかを理解していないということが考えられます。そこで、本レシピでは、ＡＩに条件を示して作文を書かせる活動を通して、「ありがち」な話題を知り、ＡＩでは書けないような話題を書くことを目指させます。たとえば、今筆者がＣｈａｔＧＰＴに、「あなたは高校生です。時間をテーマとした四〇〇字程度の作文を書いてください」と命令すると、次のような文章が生成されます。

時間は私たちの生活において、最も大切な資源の一つです。特に高校生の私にとって、時間は貴重であり、どのように使うかが将来に大きな影響を与えると感じています。毎日、授業や部活動、友人との交流、そして勉強に追われる中で、時間の使い方を考えることが多くなりました。
学校では、授業が終わった後も宿題や試験勉強が待っています。時には、時間が足りないと感じ、焦りを覚えることもあります。しかし、そんな中でも、計画的に時間を管理することの重要性に気づきました。例えば、毎日のスケジュールを立てることで、効率よく勉強を進めることができ、余暇の時間を確保することができます。

また、友人との時間も大切です。忙しい日々の中で、友人と過ごすことでリフレッシュし、ストレスを解消することができます。楽しい思い出を作ることは、心の栄養となり、勉強へのモチベーションにもつながります。

時間は戻ってこないものですから、一瞬一瞬を大切にし、意味のある使い方を心がけたいと思います。未来の自分のために、今の時間をどう使うかが、これからの人生に大きな影響を与えるのだと感じています。充実した高校生活を送るために、時間を意識して過ごしていきたいです。

さらに、条件文を「日本人の時間の使い方に関する作文」や「日本人と欧米人の時間の考え方の違いに関する作文」などとアレンジさせて、各自がＡＩに書かせた作文の内容をグループで共有させます。この活動を通して、学習者はありがちな話題について理解しますし、また、自分がＡＩに作文を書かせてそれをそのまま提出すると、このような形で露見してしまうのだ、ということも学べると思います。

しかし、オリジナリティとは、０から何かを生み出すことではなく、既に知っている事柄どうしの組み合わせのバリエーションから生まれるものです。例えば内山節の文章には、「都会と農村の違い」

＋時間という組み合わせがよく使われますし、福永武彦の「愛の試み」では、「愛（または孤独）」＋時間という組み合わせが頻出します。そこで、学習者にも、「○○＋時間」という多くの組み合わせを白い紙にどんどん書き、そのなかで、自分が興味をもって語れそうな「話題の入口」を探す活動を行わせます。話題の入口が見つかったら、その事柄について周囲の人と話したり、インターネットで調べたりして、自分の主張の方向性を定めさせます。

○ここで、これを評価する（形成的評価は省略）

・「問題提起を考える」ワークシート　記録に残す評価　【主体的に学習に取り組む態度】

個性的な問題提起に向けて、情報を収集したり、発想の仕方を工夫したりしようとしているかを評価します。

・作文の記述と欄外の書き込み　記録に残す評価　【書くこと】

原稿用紙に付されたルーブリックに次の二点に関するＡＢＣ評価をつけます。

①独創的な話題を考え、問題提起の仕方を工夫することができている。

②上余白に、具体的な内容の見出しと、分量の目安が書かれ、構成や展開が工夫されている。

３【甘口のレシピ】論題の賛否を枠にあてはめる形で作文する（3時間）

「甘口のレシピ」は、意見文の型に合わせて自分の意見や考えを論述する活動で、複数のタスクを同時に行うことが不得意な生徒の指導に向いています。作文は、たくさんのタスクを同時に行うことを要求する活動ですが、一つのことを教えたときには、ある程度の学習効果が認められても、複数のタスクを課すと混乱してしまう生徒もいます。そのような生徒が多い教室で「文章を構成する力をつける」学習を行うときには、タスクを減らした方が効果的です。そこで、「甘口のレシピ」は、あらかじめ構成枠が施されたワークシートに合わせて自分の意見を書く学習としました。

「甘口のレシピ」における、意見文を書く条件は次のようなものです。

> ①論題ＡＢのうちいずれか一つを選び、自分の意見を述べる文章を作成する。
> ②作文シートの構成枠に合うように論理を構成して書く。
> ③通常は漢字で書く方がふさわしい言葉は漢字で書く。わからない漢字は調べて書くこと。

○用意するもの（詳細は後述）

・生徒にとって身近な論題

・ワークシート

①構想シート　②作文用紙（構成枠つき）

○支援の詳細

i　下ごしらえ――論題リサーチ

授業を計画するに先立って、どのような論題を生徒たちが身近に感じられるかについて、リサーチをしておきましょう。今まさに世の中で話題になっていることの方が、生徒が取り組みやすいと考えますが、そういった話題は鮮度を失いやすいものです。ですから、教科書や副教材に載っている論題や、昨年度使った論題をそのまま使うのではなく、その都度、時事ニュースなどをチェックして論題を考える方がよいと思います。この原稿を書いているのは二〇二四年の一月ですが、その時点では、例えば次のような論題が思い浮かびます。

A　フランスでは二〇二四年一月から、ペットショップで犬と猫を売ることが禁止され、犬や猫を新たに飼う方法は、保護団体や個人からの譲渡、ブリーダーからの直接購入に限られることになりました。あなたは日本でも犬や猫のペットショップでの販売を禁止するべきだと思いますか?

B　友達同士や恋人同士で、いつでも相手がどこにいるかを確認できる位置情報アプリ／サービスを使うことに、あなたは賛成ですか?

ii　作文用紙のスタイル（ワークシート②）

作文用紙は、次のように、一部の文言が書かれたものにします。

私は（　　　　　　　　）に（　　　　　　　　）だ。 なぜなら（　　　　　　　　　　　　　　　　）からだ。

たしかに、（　　　　　　　　　　　　　　　　　）
しかし、（　　　　　　　　　　　　　　　　　）
だから、（　　　　　　　　　　　　　　　　　）

1時間目は、論題ＡＢのどちらを選ぶか、賛成、反対のどちらの立場で書くかを考えて、構想シートに自分のおおまかな意見を書きます。その後、ペアワークによって、互いの意見への反対意見を出し合います。

2時間目は、「たしかに～しかし」という譲歩の表現について学び、予想される反論をいったん認めた上で、それに反論するという型に合うように作文します。一時間で作文が終わらない場合は、もう1時間とり、早くできた生徒には推敲をさせてもよいと思います。

3時間目は、六人程度のグループで、一人ずつ作文を朗読し、よいところ、改善できるところなどをコメントし合います。さらに、グループ内で、もっともよくできていると思われる作文を選び、クラス全体に向けて発表します。

○ここで、これを評価する（形成的評価は省略）

・「構想シート」 記録に残す評価 【主体的に学習に取り組む態度】

作文の完成に向けて、情報の収集や整理をしながら、構成を工夫しようとしているかを評価します。

・作文の記述 記録に残す評価【書くこと】

論題に沿った自分の意見を考え、譲歩の表現を使って表すことができているかを評価します。

☑「意見文を書く」言語活動のポイント

1 文を読んで意見を述べる活動においては、「読むこと」が不十分であることによって「書くこと」も破綻してしまうことのないように配慮する。

2 指導者が期待する育ちの姿が作文に表れやすくなるように、条件や手引きを工夫する。

3 評価項目を絞りこんで、添削時間を減らす。

1 金子泰子『国語教師が教える二百字作文練習』渓水社 二〇一八年 一〇一頁。

2 内山節『時間についての十二章 哲学における時間の問題』岩波書店 一九九三年。

3 福永武彦『愛の試み』新潮文庫 一九七五年 四三〜四五頁。「人は誰しも、彼の意識に固有な、それぞれの時間を持って」おり、「愛は二人が時間を合せようとする努力の中にある」という内容。

2 漢詩を創作する

C 「読むこと」の原動力となる「書く」活動（甘口〜辛口）

漢詩の新しい鑑賞眼を手に入れる

「漢詩を創作する」レシピは、漢詩を「書く」活動ですが、素晴らしい漢詩の作り手になることが目標ではありません。漢詩（近体詩あるいはそれに準ずるもの）を作ってみると、形式上の制約と、自分が伝えたいことを両立させることがいかに困難であるかを実感します。すると、漢詩を読むときにも、その困難をくぐって作品ができていることに気づき、より深く鑑賞できるようになります。つまりこのレシピは、表現と形式との葛藤を体験することで、漢詩をより深く「読む」ための、新しい鑑賞眼を手に入れることをねらいとしているのです。

ここで紹介する三つのレシピでは、ともに起承転結の構成で五言絶句を作りますが、日本漢字音の押韻と二字＋三字の構成で作る「基本のレシピ」、平水韻による押韻をし、平仄も合わせる「辛口のレシピ」、日本漢字音による押韻だけを条件とした「甘口のレシピ」の三種類を用意しました。学習者が「表現と形式との葛藤」を体験するには、「ちょうどいい難しさ」の塩梅が大切だと思います。学習者の特性によって辛さを選んだり、あるいはレシピのなかで、辛さを微調整したりしてみてください。

身につけさせたい力――「読むこと」精査・解釈

本節で紹介するレシピによる学習の成果として期待することは、漢詩の形式と表現したいこととの間の葛藤を体験することで、新しい鑑賞眼を獲得し、書き手の考えや目的、意図を捉えて漢詩の内容を解釈したり、構成や展開、表現の特色について評価したりする力をつけることです。

①【基本のレシピ】日本漢字音による押韻と二字＋三字の構成で五言絶句を作る（中辛・3時間）

「基本のレシピ」では、簡易化した五言絶句を作ります。「簡易化した」というのは、絶句に必須である平仄のルールを割愛し、押韻を日本漢字音で行うという意味です。平成三十年告示高等学校学習指導要領国語科解説では、漢詩の創作について、「漢詩を創作する際には、多くの場合、五言の句は意味の上で二字と三字の構成となり、七言句は四字（二字と二字）と三字の構成になっていることや、絶句の起承転結の展開を確認することが必要である。そのうえで、押韻は正確でなくてもよいことにするなどとして、絶句や律詩などを創作することが考えられる。」と説明しています。「基本のレシピ」は、この解説に沿った、日本の高校で漢詩を作らせるスタンダードな形といえます。

○用意するもの――「ワークシート冊子」（詳細は後述）

①作詩の条件／②作品によるルール確認／③構想シート（二字句・三字句の候補欄を含む）

④作詩シート／⑤鑑賞シート（「春暁」本文、条件、作文用紙）

●【基本のレシピ】簡易化した五言絶句を作る（3時間）

時	分	学習活動	評価規準・支援
1		1．単元のねらい（「漢詩をより深く読むために、自分で漢詩を作ってみる」）と作詩の条件を理解する。(7分)	1．ワークシート冊子を配布する。
	7	2．絶句のルールを杜甫「春望」によって確認する。(7分)	3．テーマは生徒の実態に即したものを。「自由」としてもよい。何を書くか思い浮かばない生徒には「部活動」「自分の目標」など、助言で発想を支援する。
	14	3．どのような起承転結の内容を書くか構想を練る。(15分)	
	29	4．ペアでどのようなことを書くか、考えていることを共有し、助言しあう。(5分)	
	34	5．五言句が二字＋三字を基本構成とすることを理解し、自分が書こうと思っている内容に関連する二字句や三字句を、指定された文法構造（→101ページ）につき一つずつ作ってみる。(10分)	5.【知○】漢文を読むために必要な訓読のきまりについて理解を深めている。→観察
	44	6．書いた句をペアで見せ合い、そのテーマならこの句もよいかも、などとアイデアを出し合う。(5分)	＊この時点で書く内容が明確になっていない生徒には次回までに考えておくように促す。
	49 50	7．次回の学習（漢詩の実作）を確認する。(1分)	
2		1．本時のねらい「漢詩の鑑賞眼を獲得するために、『表現と形式との葛藤』を体験する」を理解する。(1分)	4.【主◎】詩の完成に向けて、表現と形式との葛藤を体験しながら、ねばり強く試行錯誤を行っている。→作詩シート
	1	2．押韻のきまりを理解する。韻は日本漢字音での音読みで判断できればよいものとする。漢和辞典やアプリを使って音読みを調べる方法も確認する（3分）	
	4	3．原則として同じ字は複数回使わないというルールを確認する。(1分)	

※【知】…知識・技能、【話／書／読】…思考・判断・表現、【主】…主体的に学習に取り組む態度。◎は記録に残す評価、○は形成的評価。

	5 50	4．六つの条件（→98ページ）を確認しながら、前時に考えた構想に沿って漢詩を創作する。作詩中の試行錯誤の過程を「作詩の過程の記録」に書き留めておく。(45分)	4．押韻と漢文法の条件が両立できない時は押韻を最優先して倒置で対処するように支援する。 ＊時間内に仕上がらない場合は次時までの課題とする。
3		1．本時のねらい「表現と形式との葛藤を共有したうえで、新たな鑑賞眼で漢詩を読む」を理解する。(1分)	1．詩のできばえだけに注目するのではなく、「表現と形式との葛藤」を共有することに焦点を当てさせる。
	1	2．四人グループでそれぞれが作った漢詩を発表し合う。(24分) (本人の発表：3分) ・漢詩の訓読 ・現代語訳 ・作詩の過程で苦労・工夫したこと (班員のコメント：各1分×3人) ・班員は主に、表現と形式との葛藤を乗り越える工夫についての評価をする。	
	25 49	3．既習の者が多い詩「春暁」を改めて読み、次の三点についての言及を含めた鑑賞文を書く。(24分) ①承句「処処聞啼鳥」は、「処処聞鳥啼」（あちらこちらで鳥がなくのを聞く）が漢文法に沿った語順だが、なぜ「啼鳥」となっているのかを説明する。 ②その他に、どのような表現上の工夫が感じられるか（一か所以上指摘する）。 ③漢詩を創作する経験によって、漢詩を読む目がどのように変わったか。	3．【読◎】必要に応じて書き手の考えや目的、意図を捉えて内容を解釈するとともに、文章の構成や展開、表現の特色について評価している。 →詩の鑑賞シート
	50	4．ワークシートの提出（1分） ＊生徒が作った漢詩のうちの優秀作を、後日プリントにして共有する。	

○支援の実際

i　下ごしらえ――指導者自身による実作

授業を計画するに先立って、指導者自身が時間を計りながら漢詩を作ってみます。そして、自身の体験を下敷きにして、学習者には、どの程度の条件を課すのが適切で、考える時間はどのくらい必要かを考えます。それによって、次にあげる「漢詩を作る条件」や、活動に要する時間をアレンジしてください。

ii　作詩の条件（ワークシート冊子①の内容）

「基本のレシピ」における、漢詩を作る条件は次のようなものとします。

① 五言絶句または七言絶句を作成する。
② 「伝えたい風景」、「今思うこと」のいずれかのテーマで作成する。
③ 起承転結の構成にする。
④ 近体詩のルールに従って押韻する（五言…偶数句末）。日本漢字音でよい。
⑤ 各句は二字＋三字を基本構成とする。
⑥ 原則として同じ字は複数回使わない（「山山」など同じ字を繰り返す場合は例外）。

ⅲ 作品によるルール確認（ワークシート冊子②の内容）

次の詩を使って、絶句のルールを確認しましょう。

「春望」　杜甫

江碧鳥逾白
山青花欲然
今春看又過
何日是帰年

①押韻について
②構成について
③文字の重複を避ける工夫について

「春望」は、押韻や、起承転結、各句の二字＋三字の構成に加え、同じ字を二度使わないルールを確認させることにも適する教材です。「江碧」と「山青」は、は揚子江の水と、木々が茂った山の、それぞれの「あおさ」の違いを表していますが、同じ字を二度使わないというルールに則っていることにも気づかせます。

ルール確認のための教材は、教科書に載っている詩から選んでもよいのですが、その詩が学習者に課した条件に沿っているかどうかを確認する必要があります。というのは、教科書に載っている作品には、ルールを外した破格の詩や、ルールのゆるやかな古体詩も載っているからです。

たとえば李白の有名な詩「静夜思」

床前看月光
疑是地上霜
挙頭望山月
低頭思故郷

は、「頭」という字が二度使われているところや、承句末と結句末だけではなく起句末も押韻しているところなど、「ルール確認のお手本」には使いにくい部分があります。[1]

iv テーマ設定の支援

テーマは自由とするか、「伝えたい風景」「今思うこと」など、広い範囲で発想できるものがよいと考えます。それは、ある程度自由のきくテーマに設定した方が「自分が書きたいこと」と「形式上の制約」との葛藤を、より深く体験できるからです。

Ⅴ 構想シート（ワークシート冊子③の内容）

◆起承転結の構成を考える

自分の表現したい内容に沿って、起承転結の構成でおおまかな内容を考えましょう。

・起…

・承…

・転…

・結…

◆二字＋三字の構成の練習

各句を二字＋三字で構成する練習のために、自分が書こうと思っている内容に関連する二字句や三字句を、さまざまな文法構造に即して一つずつ作ってみましょう。

・主語＋述語の二字句（例　日没）（　　）

・修飾語＋体言の二字句（例　高山）（　　）

・修飾語＋用言の二字句（例　疾走）（　　）

・述語＋目的語の二字句（例　握手）（　　）

・述語＋補語の二字句（例　乗馬）（　　）

・述語＋目的語（主語＋述語）の三字句（例　知政変）（　　）

・返読文字を含んだ三字句（例　如夢幻）（　　）

vi 作詩シート（ワークシート冊子④の内容）

□□□□□
□□□□□

□□□□□
□□□□□

●現代語訳

●作詩の過程の記録

①韻を合わせるために苦労したこと・工夫したこと

②二字＋三字の構成にするために苦労したこと・工夫したこと

③同じ字を二度使わないという制約で苦労したこと・工夫したこと

④その他に苦労したこと、工夫したことは何ですか。

ⅶ グループ共有の支援

グループでの詩の共有では、「漢詩の訓読」、「現代語訳」、「作詩の過程で苦労・工夫したこと」の三点を発表します。班員には「表現と形式との間で苦労したところ」に着目してコメントをするように促し、形式に合わせるための工夫について評価したり、アドバイスをしたりさせます。

ⅷ 鑑賞シート（ワークシート冊子⑤の内容）

「春暁」　孟浩然

春眠不覚暁
処処聞啼鳥
夜来風雨声
花落知多少

右の詩について、漢詩を実作したことで獲得した「新しい鑑賞眼」を使って鑑賞文を書きなさい。

ただし、鑑賞文には、次の三点について言及すること。

① 承句の「聞啼鳥」（なく鳥を聞く）は、「聞鳥啼」（鳥がなくのを聞く）が漢文法に沿った語順だが、なぜ「啼鳥」としているのか。

② 「①」以外の表現上の工夫（一つ以上）。

③漢詩を創作する経験によって、漢詩を読む目がどのように変わったか。

ここでは、改めて読む詩として、中学で既習の者が多い「春暁」をとりあげました。

「聞啼鳥」についての問いは、押韻の制約に気づかせるために設定したものです。一海知義氏は著書『漢詩入門』でこの部分を、「『啼鳥』は、本来なら『処処聞鳥啼――処処鳥の啼くを聞く』とすべきですが、第四句末の『少』と脚韻を合わせるため（そして平仄をととのえるためにも）、『啼鳥』と転倒させてあります。[2]」と説明しています。

「それ以外の表現上の工夫」としては、たとえば次のようなものが考えられます。

・転句の「夜来風雨声」の効果。
・二字＋三字の構成にするための文字の選び方　たとえば「夜我聞風雨」では三字＋二字になってしまうから、「夜来風雨声」としている、など。
・「知る、気づく」という意味の言葉を起句で「覚」、結句で「知」と使い分けることで、同字重出を避けていること。
・結句が「花はどれだけ散っただろうか」という意味なら、「花幾弁散乎」、あるいは「花落不知多少」（花がどのくらい散ったかわからない）とするところだが、押韻や文字数の関係で「花落知多少」としていること。

○ここで、これを評価する（形成的評価は省略　レシピ表内の記述参照）

・「作詩シート」 記録に残す評価 【主体的に学習に取り組む態度】

詩の完成に向けて、表現と形式の葛藤を体験しながら、ねばり強く試行錯誤を行っている様子を「詩作品」および「作詩の過程の記録」から見取ります。詩の完成度（条件に従って詩を作り上げようとしているか）も、主体的に学習に取り組んだことを評価する材料としますが、詩のなかの漢字の並びが「句法的に正しい語順」であるかは評価の材料としません。押韻を意識した倒置のように、詩は句法的な語順を超越することが許されていますし、そもそもこのレシピは漢詩を「書く力」を身につけることをねらいとしていないからです。

・「詩の鑑賞シート」 記録に残す評価 【読むこと】

漢詩を創作することで獲得した新しい鑑賞眼によって、詩の表現上の工夫をより深く読み取ることができるようになっているかを、鑑賞シートの記述から見取ります。

※「訓読のきまり」や「修辞の理解」の知識面での評価は定期テストで行います。

2 【辛口のレシピ】平水韻による押韻をし、平仄も合わせて五言絶句を作る（3時間）

「辛口のレシピ」は、「基本のレシピ」では「表現と形式との間の葛藤」が発動しにくい学習者に「ちょうどいい難しさ」を体験させるために設定した、平水韻や平仄を調べて詩を作る活動です。

生徒に平水韻や平仄を調べさせる先行実践としては、愛知県半田東高等学校の三年生を対象に、平水韻での押韻による絶句を創作させた鈴木淳次氏の実践[3]があげられます。鈴木氏が生徒のために作った、韻や平仄を検索するプログラムは、インターネット上に公開され、多くの漢詩学習者に使われています。[4]

○用意するもの――「ワークシート冊子」（詳細は後述）

①五言絶句のルール

②有名な絶句（杜甫「絶句」と于武陵「勧酒」）の平仄と押韻

③作詩の手順（結句末と承句末を決め、構想シートの○●に合うように字句を埋める手順の説明）

④作詩例（指導者自身が作った詩と、その詩をつくる際の試行錯誤のようすを綴った文章を「試作中の心の中、実況中継」として参考に示すとよい。）

⑤詩語リスト（いくつかの平仄の組み合わせに沿った、詩に使いやすい二字句、三字句をまとめたもの。筆者は、太刀掛呂山『詩語完備だれにもできる漢詩の作り方』[5]に載っている詩語のうち、高校生が使いやすいものをいくつか抜粋したものに、日本漢詩集[6]から拾った詩語を追加して作りました。例　平仄「○○」の二字熟語＝青雲・多才・傷心・平安・人生・紅顔・而来・前途・悠然。）

⑥作詩シート（平起こり式と仄起こり式をそれぞれ用意）

⑦現代語訳、「成果と課題および感想」を書くスペース
⑧鑑賞文課題（姚元之『竹葉亭雑記』）
⑨振り返り（「漢詩を作る体験は、『竹葉亭雑記』を読むときに、どのように影響したと思いますか。」）

○支援の手順

ｉ　下ごしらえ――指導者による実作

「基本のレシピ」同様、授業を計画するに先立って、指導者自身が平水韻による押韻をし、平仄を合わせて漢詩を創作します。筆者が実作したところ、平仄を合わせるのが大変で、七言絶句では時間がかかりすぎると感じました。漢詩の入門者は「七言絶句」から始めるのが一般的[7]と言われているようですが、このレシピでは時間的な理由で五言絶句を課しました。

ⅱ　作詩の条件（ワークシート冊子①の内容）

「辛口のレシピ」における、漢詩を作る条件は次のようなものとします。

① 五言絶句を作成する。「起承転結」の構成にし、テーマは自由とする。
② 各句は次のいずれかで区切ることができるようにする。

A　2＋2＋1　　B　2＋1＋2

③承句（二句目）末と結句（四句目）末で押韻する。

押韻は現代日本語の漢字音で作るのではなく、漢和辞典または平仄・韻検索のサイトで調べ、どの韻グループの字であるかを明記すること。

④同じ字は二度以上使わない。ただし、「山山」など同じ字を重ねて一つの意味を成す場合等、特別な場合は許容。

⑤「平仄（ひょうそく）のきまり」に従って作る。

平…平らな発音（平声）の字（○で表す）／仄…変化のある発音（上声・去声・入声）の字（●）

（1）韻は平字で踏むこととする。（承句末と結句末は○）

（2）韻を踏まない行末は韻と逆の平仄とする（起句末と転句末は●）

（3）「二四不同」（二字目と四字目の平仄は同じではいけない）

（4）二字目の孤平を避ける（先頭三字が●○●の並びは避ける）

（5）一句目と二句目の二文字目四文字目の平仄は反対にする（反法）、二句目と三句目の二文字目・四文字目の平仄は同じにする（粘法）。この他にも「下三連を避ける」（下の三字の平仄が同じものは避ける）という決まりがあるが、今回は不問とする。

以上のきまりを成り立たせようとすると、自然と●○の並びが「平起こり式」と「仄起こり式」の二パターンに制限されます。最初の二字、あるいは最後の二字が決まると、自動的にどちらのパターンになるか決まるので、それに合致する用紙（次ページ）に詩を作っていきます。

iii 作詩シート【平起こり式】（ワークシート冊子⑥の内容）

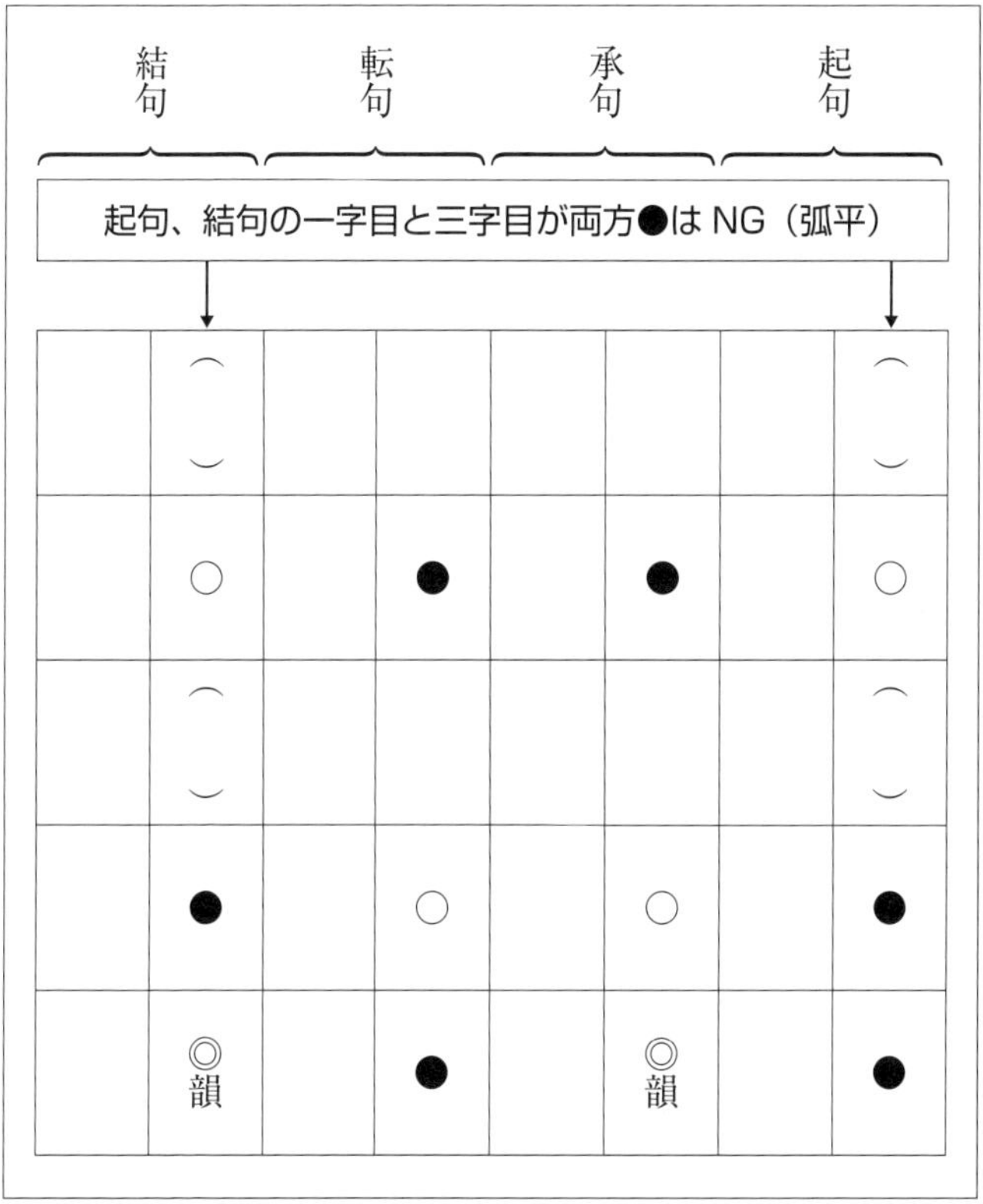

iv　生徒作品より

生徒が韻と平仄のきまりを守って書いた詩を一篇、紹介します。

「奇書」　　韻「平陽」

読書多事日　　読書ばかりして過ごした日には
時忘対斜陽　　時間を忘れて斜陽を見つめてみよう
孤鳥影如本　　あのひとりぼっちの鳥の影が本のように見えてこないか
之繙不能望　　しかしこの「本」を紐解こうと望むことはできないのだなあ。

＊繙…ひもとく。書籍を開く。

提出されたプリントにはアルファベットのvの左右の頂点を広げたような、鳥が遠くを飛んでいることを表す時によく使われる形が書かれており、その形が、開いた本を思わせる、という発想の詩です。作者は結句の二字目に「読む」に類する平字を入れたいと思い、読・閲・解・説など色々調べても仄字ばかりで困った挙句に「ひもとく」という表現を思いついたそうです。

v　鑑賞文課題

「辛口のレシピ」では、姚元之『竹葉亭雑記』という漢文の一部を初見で解釈し、鑑賞文を書く活動を行いました。[8] 読んだ文章は次のような内容です。

銭明経は、詩の試験でいつも一番だった。ある年の「科試」の際、酒を過ごした銭は試験中に眠ってしまったが、彼の才能を妬んだ旧友たちは誰も彼を起こさなかった。終了間際に試験官に起こされた彼は「天柱の賦」が題であることを聞き、即座に七言絶句を書いた。

我来揚子江頭望
一片白雲数点山
安得置身天柱頂
倒看日月走人間

試験の責任者はこの詩を絶賛し、彼を一位とした。

鑑賞文とともに「漢詩を作る体験を経たことは、『竹葉亭雑記』を読んだときに、どのように影響したと思いますか。」という質問に答える形で振り返りを行わせます。

このレシピを実際に行った結果、自由回答であったにもかかわらず、回答の九割が、「古典探究」の「A読むこと」の指導事項に対応する内容でした。

● 「ア　文章の種類を踏まえて、構成や展開などを的確に捉えること。」に類する内容（11％）
・意味のつながりにより意識が向いた。
・漢詩をまず読み取ることや、状況に合わせた起承転結の内容を理解することができた。

● 「イ　文章の種類を踏まえて、古典特有の表現に注意して内容を的確に捉えること。」に類する内

容（43％）
・漢詩特有の何言っているのか分からない例えや、変な語順をスッと飲み込めるようになった。
・漢詩のルールを知ったことで、足りない部分や語順が少し異なる部分を補って読むことができた。以前よりも読みやすくなったと感じた。
●「ウ　必要に応じて書き手の考えや目的、意図を捉えて内容を解釈するとともに、文章の構成や展開、表現の特色について評価すること。」に類する内容（16％）
・筆者の工夫が文章や詩の中にうかがえるようになった。
・作者が韻を合わせるために苦労をしたと思いながら読むことで、より意味を読み取れるようになった。
●「エ　作品の成立した背景や他の作品などとの関係を踏まえながら古典などを読み、その内容の解釈を深め、作品の価値について考察すること。」に類する内容（20％）
・意味の通ったものにしなければならず、考えなければならないことがたくさんあるのに銭明経が即興で詩をつくれるのは本当にすごいと思った。
・漢詩は今までなんとなくしか知らなくて、なんで漢詩が書けるとすごいのかと思ってたけど、実際作ってみて、意味が通り起承転結があるってすごいんだなと感じた。

○ここで、これを評価する（形成的評価は省略）

・「作詩シート」記録に残す評価【主体的に学習に取り組む態度】

詩の完成に向けて、表現と形式との葛藤を体験しながら、ねばり強く試行錯誤を行っている様子を「作詩シート」と「成果と課題および感想」から見取ります。詩のなかの文法的語順を記録に残す評価の材料としないことは、「基本のレシピ」と同様です。

・「鑑賞文課題・振り返り」記録に残す評価【読むこと】

漢詩を創作することで獲得した新しい鑑賞眼によって、詩の表現上の工夫をより深く読み取ることができるようになっているかを、鑑賞文課題の解答や、振り返りの記述から見取ります。

※「訓読のきまり」や「修辞の理解」の知識面での評価は定期テストで行います。

③【甘口のレシピ】「妄想漢詩」を作る（4時間）

「甘口のレシピ」では日本漢字音での押韻を条件として、「実現したらいいな」と思う場面を起承転結の五文字×四行の漢字で表現します。これだけを条件とした漢詩は、「絶句」というより「古詩」というべきかとも思いますが、授業で習ったものと名称が変わると生徒が混乱するので、これも「五言絶句」としておきます。

筆者はかつて、生徒の「学び直し」を支援するような高校に勤務していましたが、その生徒たちは「漢字だけで詩を作る」ことに興味を示し、表現したい事柄も持っていました。ただし、筆者は彼らについて、複数のタスクを同時に考慮して作業することが苦手であると感じていました。したがって、まず「妄想漢詩」と題して、憧れのアイドルとのデート、億万長者の生活、終わらない夏休み、いくら食べても太らないケーキなど、「実現したらいいな」という場面を考えさせるところから、一つ一つ作業を積み重ねて、漢詩を完成させるレシピとしました。

具体的には、次のように進めていきます。

一時間目は、「妄想」の内容を考え、それを表す三行（起句、承句、転句まで）を考えます。

二時間目には、二行目の最終字（承句末）が決まったところで、同じような音を持つ字を結句末に据えることを目指して、四行目（結句）を作成します。

三時間目には、四人ほどのグループで作った漢詩を発表し合い、各グループでの優秀作を選んで全体に発表します。

四時間目には、押韻や構成に留意しながら、「春暁」の鑑賞文を書きます。

○用意するもの――「ワークシート冊子」（詳細は後述）

①作詩の条件
②作品によるルール確認（「基本のレシピ」と同様。「文字の重複を避ける工夫」「二字＋三字の構成」を除く。）
③構想シート
④作詩シート

⑤鑑賞シート（「春暁」本文、条件、作文用紙）

○支援の手順

i 作詩の条件（ワークシート冊子①の内容）

「甘口のレシピ」における、漢詩を作る条件は次のようなものとします。

①五言絶句を作成する。
②実現したらいいなと思う「妄想」を漢詩にする。
③起承転結の構成にする。
④承句（二句目）末と結句（四句目）末で押韻する。押韻は現代日本語の漢字音で作る。

ii 構想シート（ワークシート冊子③の内容）

「妄想漢詩」を作る！

「こうなったらいいのにな」というあなたの妄想を、漢詩の中で実現させてしまいましょう。

●どんな内容を詩にしますか？

●あなたの妄想を、三行目まで書いてみましょう。そのとき、「起承転結」を意識して、二行目は一行目の続きの内容、三行目はそこから少しジャンプした内容にしましょう。

●三行目までの内容を、一行五字の漢字にしてみましょう。

●二行目の最後の文字の音読みと同じような音を持つ字が四行目の最後にくるようにして、四行目を作ります。内容的には、四行目で詩が完結するようにします。

iii 実作支援の声掛け例

以下は筆者が創作した、創作場面での支援例です。

生徒「BTSのジミンとデートするっていうのを書きたい。」
教師「ジミンは漢字でどう書くか知っている？」
生徒「調べてみる（スマートフォンを操作する）……『智旻』だった！」
教師「じゃあ、或日逢智旻（ある日ジミンにめぐりあう）からはじめて見たら？」

或日逢智旻
共歩並木道
彼言永遠愛
（生徒は三行目まで考える　実際はここまでにとても時間がかかるし支援が必要と思われるが、省略）

教師「二行目の最後の「道」は音読みでドウだから、四行目の最後は「ou」という響きの漢字を入れないといけないよ。」
生徒「そんなの難しいよ。」

教師（オウ、コウ、ソウ、トウ、ノウ、ホウ、モウ、ヨウ、ロウとノートに書く）「この音読みの字でピントくるものを探してみようよ。」
生徒「オウ、コウ、…ソウで「想」…ホウで、あっ、ホウヨウのホウってどんな字？」
教師「『抱』だよ（ノートに書く）。訓読みは『だく』だよ。」
生徒「それがいい、彼は私を強く抱くみたいな。」
教師「私を抱くだと、下が『私』になってしまうので、工夫が必要だね。見私（私を見て）を先に置いた方がいいかも。」
生徒「じゃあ、見私強抱、一文字足りないなあ。そうだ。見私強強抱！　これでよくない？」

○ここで、これを評価する（形成的評価は省略）

・観察・「作詩シート」 記録に残す評価 【主体的に学習に取り組む態度】
　詩の完成に向けて、表現と形式との葛藤を体験しながら、ねばり強く試行錯誤を行っている様子を活動の観察と「作詩シート」から見取ります。
・「鑑賞シート」 記録に残す評価 【読むこと】
　漢詩の押韻や起承転結に着目して、鑑賞する力がついたかどうかを、鑑賞シートの記述から見取ります。
※「訓読のきまり」や「修辞の理解」の知識面での評価は定期テストで行います。

☑「漢詩を創作する」言語活動のポイント

1 形式上の制約と表現したいこととを両立することの困難を体験することで、漢詩の新しい鑑賞眼を獲得させる。

2 学習者の状況に合わせて、「形式的条件の厳しさ」をアレンジする。

3 創作後に漢詩を読ませ、表現の工夫などを説明させる活動を行い、読む力の変容を見取る。

1 松尾善弘「唐詩攻略法」(『アジアの歴史と文化一九巻』山口大学アジア歴史・文化研究会 二〇一五年 八三頁)では、「この詩は二句四字目と三句二字目が〔二四不同〕の大原則に違背しており、近代詩の絶句作品とは認め難い。」としている。

2 一海知義『漢詩入門』岩波ジュニア新書 一九九八年 五八頁。

3 鈴木淳次「漢詩創作授業の取り組み」『漢文教室(185)』大修館書店 一九九九年 一五~二三頁。

4「韻と平仄を検索するページです」(http://tosando.ptu.jp/kensaku.html)

5 太刀掛呂山『詩語完備だれにもできる漢詩の作り方』呂山詩語刊行會 一九九〇年。

6『新編日本古典文学全集86・日本漢詩集』小学館 二〇〇二年。

7 例えば、「千葉県漢詩連盟ホームページ」(http://chibakanshi.com/up-terakoya-wasino27.html)には、「一番字数の

少ない「五言絶句」が簡単に作れそうですが、じつはこれも作るのは難しく、よほど詩的センスがないと良い詩はできません。そこで入門では「七言絶句」から始めるのがよいとされています。」という記述がある。

8　この文章は大学入試センター試験二〇〇七年本試験に出題されている。

3　作品を劇化する

C 「読むこと」を学ぶ原動力としての「演じる」活動（中辛〜辛口）

解釈の「装置」としての劇化

本節では、古典を脚本化して演じる二つのレシピを紹介します。一つは説話に書かれた出来事をニュース番組の台本に書き換える活動、もう一つは、中国の史伝、『史記』の一場面を登場人物の心情をセリフにして演じる活動です。

このレシピの「見せ場」はもちろん劇の上演ですが、学びの力点は、作品を解釈するという「読むこと」にあります。「演じる」活動は、学習者が作品を深く解釈し、シナリオにする力を出し切るための「しかけ」であり、おのおのの解釈を共有するための「装置」でもあります。

身につけさせたい力――「読むこと」精査・解釈

本節で紹介するレシピで身につけさせたい力は、古典作品の解釈を脚本化して演じる活動を通して、古典作品の内容や解釈を自分の知見と結び付け、考えを広げたり深めたりする力です。

1【基本のレシピ】説話で学ぶメディア・リテラシー（中辛・5時間）

『宇治拾遺物語』所収の説話「絵仏師良秀」の話を、それぞれの班が異なった立場から解釈し、ニュース番組化する活動です。

○用意するもの（詳細は後述）

・教材文「絵仏師良秀」（宇治拾遺物語）
・「ニュース」の見本となるスライド
・ワークシート
①指示書（各班一枚）
②アイデアシート（各班一枚）
③視聴シート（一人一枚）
④振り返りシート（一人一枚）

●【基本のレシピ】説話で学ぶメディア・リテラシー（5時間）

時	分	学習活動	評価規準・支援
1		1．単元のねらい「内容の解釈を自分の知見と結びつけ、メディアを批判的に読み解く力をつける」を理解する。（5分）	
	5	2．歴史的仮名遣いの読みを確認しながら「絵仏師良秀」の本文を音読する。範読→ペア読み（10分）	2．本文を10の部分に区切って示しておく。
	15	3．古語辞典（紙、電子辞書、アプリ）の使い方の確認。（5分）	
	20	4．文語の用言の終止形確認。（6分）	
	26	5．動作の主体の補い方の確認。（6分）	
	32	6．グループ編成、席移動。（3分）	
	35	7．現代語訳の作成（ノート）。（15分）	
	50		
2		1. グループごとに、発表する部分を割り当て、その部分の現代語訳を板書する。（6分）	1．現代語訳はグループウエアなどで共有してもよい。
	6	2. 板書された口語訳を見て、疑問点や改善点を考える。（3分＋共有1分）	
	10	3. 指導者を通して疑問点や改善点をクラスで共有し、妥当な現代語訳を探る。必要に応じて指導者の説明を聞く。（20分）	
	30	4. 主な文法事項や重要古語の確認。（10分）	4.【知○】文語のきまりや古典特有の表現などについて理解している。→観察
	40	5. 指導者による「羅生門ニュース」を視聴し、報道する立場の違いを考える。（10分）	
	50		

※【知】…知識・技能、【話／書／読】…思考・判断・表現、【主】…主体的に学習に取り組む態度。◎は記録に残す評価、○は形成的評価。

3	 5 50	1．グループ（5名）に分かれ、「報道する立場」を理解する。（5分） 2．ニュースの作成。（45分） ・「アイデアシート」によるコンセプトの共有 ・手分けしてニュース番組を作る。 ・台本に沿って練習をし、よりよい表現に改善する。	1．各班に「指示書」を渡す。 2．役割分担よりもコンセプトを共有することを優先させるように促す。
4	 5 45 50	1．上演準備、「視聴シート」の理解。（5分） 2．班ごとに「ニュース」を発表する。（準備や入れ替えの時間も含んで各班5分×8セット） 3．自分以外の班の発表を聞き取り、ニュースから読み取れる価値観やメッセージを「視聴シートに書く」 4．「視聴シート」の完成・提出。（5分） ＊提出前に写真を撮っておく（振り返り時に使用）。	4．【読◎】立場の違いから物事の解釈が異なることを踏まえて、メディアを批判的に読み解く力をつけている。→視聴シート
5	 24 29 38 50	1．前時に撮影した自分の「視聴シート」を見る。 2．各グループの「ディレクター」による解説を聞く。（入替含3分×8） 3．「語り手の立場」を示す表現に着目しながら本文を改めてペア読みする。（5分） 4．『宇治拾遺物語』の語り手の立場を考える。（個人4分＋共有5分） 5．「振り返りシート」の記入・提出。（12分）	5．【主◎】報道の立場を留意して工夫を凝らすとともに、メディアを批判的に読み解く力を実生活に生かそうとしている。→振り返りシート

○支援の詳細

ｉ　教材について

「絵仏師良秀」には、仏教絵画の制作をなりわいとしている良秀が、自宅が火事になった時に、家族のことも気にせず、家が燃えるようすを凝視して、不動明王の背後の火炎の描き方を会得しようとしていたことと、その後良秀が制作した「よじり不動」が高い評価を得たということが書かれています。

この説話には、良秀の異常な行動にあきれる近所の人々の姿が描かれる一方、のちに人々が良秀の作品を賞賛するようすも描かれており、そうした良秀への評価の多面性が、メディア・リテラシーの教材として向いていると考えました。

メディア・リテラシーの教材に古典を設定することに、違和感をおぼえる向きもあるかもしれません。しかし、現在進行形の事象を教材にする場合には、「被害者」が現存していること等、さまざまな生々しい現実への配慮が必要になります。そう考えると、むしろ古典の世界の事件を扱った方が、学習者がより自由に、立場による報道の違いを表現できると考えました。

「ニュース」を報道する立場としては、次のものを設定しました。

・取り残された家族
・近所の人

・絵仏師仲間
・芸術愛好家
・お不動様を信仰している人たち
・外国人（英語でニュースを作る）
・「火事避け札」を販売している寺がスポンサーであることを考慮する立場
・家を作る大工の組合がスポンサーであることを考慮する立場

ii 下ごしらえ——グループ分けのためのアンケート

準備の時間に余裕があれば、「ニュース」を作成するグループ分けに、生徒たちの「強み」を生かすとよいと思います。その場合は、前もって「得意なことアンケート」を行っておきます。たとえば、「アイデアを考える」「文章を書く」「絵を描いたりデザインしたりする」「古典の文章を現代語に訳す」「大きな声でみんなの前で話す」「日本語を英語に訳す」「英語を話す」「みんなの意見を聞き、グループをまとめる」等の項目について、自分が「得意だ」と思う順番をつけさせます。そして、これをもとに、各班に、さまざまな強みをもつ成員が揃うようにグルーピングします。ただし、「英語ニュース」の班だけは「英語を話す」や「日本語を英語に訳す」に1位や2位をつけた人たちだけを集めるとよいでしょう。

iii　単元のねらいの説明の例（口頭）

学習者の実態に合わせて、メディア・リテラシーの必要性を説明します。

選挙権が与えられる年齢が一八歳になり、若い人たちが自分の目で社会を見つめ、判断する必要性が高まっています。そうした中、メディアから提供される情報を批判的に読み解くメディア・リテラシーは、社会を見つめ、考えるための大切なスキルです。この単元では、古典作品の解釈を脚本化して演じる活動を通して、古典作品の内容や解釈を自分の知見と結び付けるとともに、メディアを批判的に読み解く能力を伸ばすことを目標とします。

iv「ニュース」のイメージづくり

報じる立場によって「ニュース」番組の報じ方やメッセージが異なることを理解させるために、「羅生門」を題材とした二つの立場のニュースを指導者が上演します。芥川龍之介の小説「羅生門」は、荒廃した平安京の羅生門で、失職して雨に降りこめられた下人が、飢え死にをしないためには盗人になるしかないと思いながらもためらっていたが、死人の髪を抜く老婆との問答を契機として、盗人になって闇の中に消えていくという内容です。この作品は、高校国語科の「定番教材」と呼ばれるほど、教科書への掲載数が多いのですが、一方、「君たちはそういう道に進んではいけませんよ」と言い聞かせる「道徳」教材的な扱いをされているという指摘もあります。[1]「ニュース例」では、そうした「道徳」的なとらえ方からはずれた報道例も示し、立場による捉え方の違いを理解させます。

ニュースのはじまりにはオープニング音楽を流し、スライドによる画像も投影して、学習者にこれから作るニュースのイメージを理解させます。また、二つのニュースに対して、「どのような立場から報じたニュースで、そう考えた根拠は何か」について、周囲と話し合わせることで、「メディア・リテラシー」のイメージもつかませます。

●「羅生門ニュース」の例

①はじめての引剥ぎ

ここからは、町の、心温まるニュースをお伝えします。平安京、羅生門付近で、元下人の「すてきち」さんが、昨日、はじめて盗みを働くことができました。すてきちさんは、主人から暇を出され、このままでは明日の暮らしが立たないのに、なかなか盗人になる勇気が出ませんでした。しかし、羅生門の楼で出会った老婆「おせいさん」の話に勇気づけられ、その着物を剥ぎとることにみごと成功しました。すてきちさんは、今後、立派な盗人になっていくことでしょう。町の話題でした。

②悪化する雇用情勢　真面目な青年までも盗人に

次のニュースです。最近治安の悪化が問題になっている羅生門付近ですが、昨日夜八時頃、羅生門の楼の上で、雨宿りをしていた五二歳の女性が着物を奪われる事件が起きました。逃走する犯人の目撃情報によると、犯人は元下人の「すてきち」二二歳ということです。地元では「すてきち」は真面目な正直者で通っており、生活に行き詰まったあげくの犯行とみられています。豊かな人が困っている人たちに手を差し伸べ、助け合う社会にならない限り、こうした犯罪はなくならないでしょう。なお、その後の犯人の行方はつかめていません。

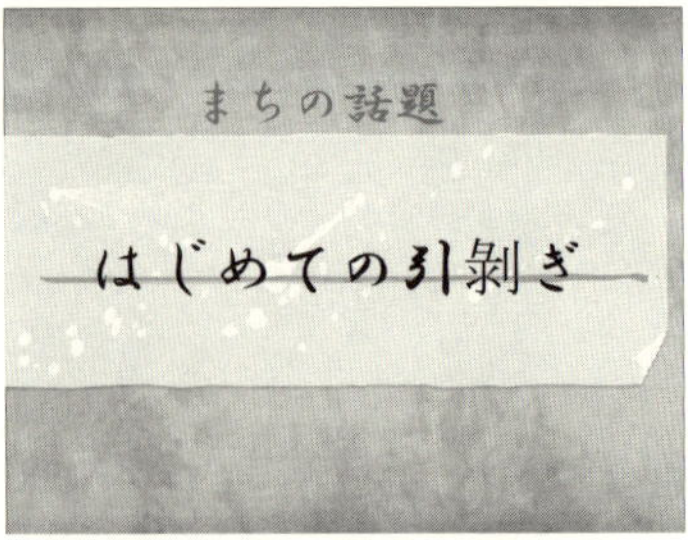
まちの話題
はじめての引剝ぎ

下人を勇気づけたおせいさん

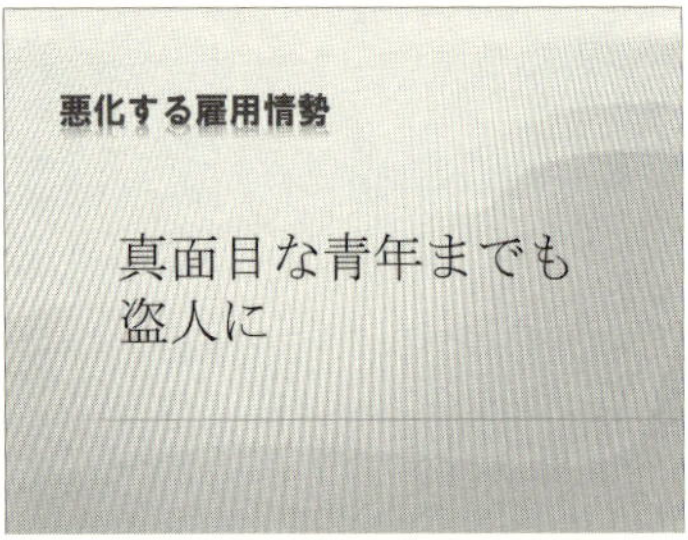
悪化する雇用情勢
真面目な青年までも
盗人に

治安が悪化している羅生門付近

v　活動の指示の詳細（ワークシート①②）

班に「指示書」と「アイデアシート」を配布し、自分たちの班が報道する立場を理解し、ニュースのコンセプトについて話し合わせます。生徒たちはとかく役割分担に関心が集まりがちですが、先に役割分担を行うと、全員で考えて共有すべきコンセプトが「他人事」になってしまうおそれがあるので、「アイデアシート」の完成を確認してから役割分担に入らせるとよいと思います。

●**指示書の例**（※「報じる立場は」決して他の班には知らせないこと）

1　今回の課題は、「絵仏師良秀」の話を、「絵仏師仲間」という立場でニュース化することです。

2　教科書本文（またはノートの訳）をその立場から見直した時、どのようにこのニュースを捉えるかをまず考えてください。

3　ニュースのねらいは、聞き手に、指定された立場からの考えを「誰もがそう思う、一般的な考え」であるように感じさせることです。どんな考えであっても、できるだけ当然のことであるように報道してください。ニュースの中で「これは、○○の立場からのニュースです」、あるいは「基本となる考えは○○」ですと知らせてはいけません。

4　ニュースは、アナウンサーによる原稿読み上げ、スライドでの文字や画像の提示を基本とします。「インタビュー」や「ゲストによるコメント」を入れてもかまいません（全体で3分以内）。どういう形にするか、みんなで話し合ってください。

5　ニュースの形が決まったら、手分けして、準備をしてください。全員が何かの形で貢献できるように、進んで仕事を探すこと。

●「アイデアシート」の発問内容
・報道する立場
・良秀への評価
・なぜそのような評価になるのか。
・ニュースによって伝えたいメッセージは何か。
・どのような演出をしたら、メッセージが効果的に伝わるか。
・メッセージを効果的に伝えるためのパワーワード（インパクトを与える強い言葉）を考えよう。

vi「視聴シート」について（ワークシート③）

他の班の演じたニュースを見ながら、ニュースから読み取れる価値観やメッセージを「視聴シート」に記入させます。このとき、「立場」を的中させる「ゲーム」的な活動ではなく、ニュースを批判的に読み解く力をつけることが目的であることを確認します。

●「視聴シート」（左記を班の数に従って表にする。）

班番号	ニュースから読み取れる価値観やメッセージ
：	：

ⅶ 振り返りの支援

振り返りでは、各班のディレクター（班のなかでその場で決めてよい）に、自分の班の立場やニュースに込めたメッセージを発表させ、ニュースのどこにそれが表れていたかを確認します。

そして最後に、『宇治拾遺物語』の語り手は、どのような価値観をもってこの説話を語っているかを読み取る学習を行います。三木紀人氏は、

> 『宇治拾遺物語』の作者は、いかほど論ずる余地の大きそうな者に対しても、また、賞賛すべき者に対しても、それを評する言葉は少なく、往々にして絶無である。その人の存在感や事件の衝撃の前に若干の言葉をそえても、それが何であろう、とでも思っているかのようである。[2]

と語り手の評語の少なさを指摘していますが、「それも知らず、ただ逃げ出でたるをことにして」という表現や、「あざ笑ひてこそ」の「こそ」での強調、「今に人々愛で合へり。」の部分等に着目して、語り手の立場やメッセージを考えることは不可能ではありませんし、逆に、それらの表現を総合的に

考えて、「いかに中立的な立場であるか」を論じることもできると思います。

いずれにせよ、さまざまな立場の「絵仏師良秀」の報道を視聴した後に、再び原典の表現に戻ってその「語り」について考えることで、「説話」の語り自体も「メディア・リテラシー」の対象にすることができます。

最後に、考えたことを「振り返りシート」（ワークシート④）に記入し、まとめとします。

●「振り返りシート」の内容

1　あなたは、自分の班のニュースを作る際に、どのようなことに留意し、どのような工夫をしましたか。

2　自分が「ニュース」を作り、他の班の「ニュース」を視聴したことで、自分が日頃接しているメディアに対して、どのような気づき、あるいは疑問が生まれましたか。

3　『宇治拾遺物語』の語り手は、どのような立場、あるいはどのような価値観から絵仏師良秀の話を語っていると考えられますが。根拠も示して答えなさい。

○ここで、これを評価する（形成的評価は省略　レシピ表内の記述参照）

・「視聴シート」 記録に残す評価 【読むこと】

「視聴シート」からは、根拠をもってメッセージを読み取り、メディアを批判的に読み解くことができているかを、評価します。単に設定された立場を「正解しているか」で評価するのではなく、「ニュース」の表現から価値観やメッセージを読み取っている様子を見取ります。

・「振り返りシート」 記録に残す評価 【主体的に学習に取り組む態度】

振り返りシートの記述から、「取り組みの質」やメディア・リテラシー意識の高まりを見取ります。また、『宇治拾遺物語』の語り手の立場や価値観についての記述から、「ニュースの視聴」から学んだ分析手法を、原典の分析にも主体的に生かそうとしている様子を見取ります。

② 【辛口のレシピ】「鴻門の会」を演じる（2・5時間）

『史記』「項羽本紀」のうち、「鴻門の会」の場面を教材とし、登場人物の心情をセリフにして演じる活動です。

「鴻門の会」は、紀元前二〇六年の中国で、覇を争う項羽（項王）と劉邦（沛公）が宴会で同席する場面です。王になる野心を隠し、項王に殺される危険を回避しようとする沛公と、沛公の本心を探りながら迷う項王、それに、それぞれの背景や信条による臣下たちの行動が複雑に絡み合います。しかし、『史記』は、史伝であるため、人物の内面に入らない三人称客観視点で描かれています。そうした『史記』の特徴が、「どのような考えでその行動をしたのか」を推測してセリフにする活動に適していると考えました。

史伝における登場人物の行動の理由や心情を推測するためには、その場面に至る経緯や、その後の展開などを知る必要があり、そのため、劇にする部分以外の『史記』の記述も参照するという過程が欠かせません。そうした意味で、「鴻門の会」を演じるレシピは、「説話ニュース」よりも辛口の活動といえます。

○用意するもの（詳細は後述）

・教材文　『史記』「鴻門之会」（教科書教材等）

・ワークシート

①学習指示
②第○場の流れ ｝（各人一枚　裏表印刷）
③台本シート　（班に一枚）
④振り返りシート　（各人一枚）

・資料

①「鴻門之会」の現代語訳
②『史記』「項羽本義」より参考になる部分の本文、現代語訳

●【辛口のレシピ】「鴻門の会」を演じる（2.5 時間）

時	分	学習活動	支援・評価規準
事前 5時間程度		1．単元のねらい「登場人物の心情をセリフにして演じることで、解釈を深める力を身につける」を理解する。 2．基本的な読解。（以下は活動例） ・本文のペア読み。 ・意味をつかむ書き込みをする。 ・書き下し文・口語訳（ポイントとなる部分のみ）。 ・「読みを深める問い」に答える。 ・句法・用字の知識を身につける。	2．すべての口語訳を丁寧に行う必要はない。細かい内容理解はシナリオ化や劇の視聴によって補われていくことを念頭におく。
1		1．劇のイメージをつかむ。（3 分） ＊指導者の説明を聞き、心情をセリフにして演じる方法を理解する。	
	3	2．グループに分かれる（4 場 × 2 の 8 グループ）。（1 分）	2．グループ人数は各「場」の役者の人数に準じる。
	4	3．担当する「場」の本文および現代語訳を読み、内容を把握する。（3 分）	
	7	4．「学習指示」プリントの「課題」について、資料（『項羽本義』プリント）を参考にして考える。（個人 5 分→共有 4 分）	4・5．課題に対する考えを共有しないうちは配役決めに入らせない。
	16	5．「台本シート」をもとに配役を決める。（5 分）	
	21	6．「第○場の流れ」に従って、自分が担当する役の内心をセリフにして付箋に書く。その後、付箋を「台本シート」に貼り、検討し合う。時間があれば練習をする。（29 分）	6．【主◎】文章の背景や作品の他の部分を根拠にしてセリフを考えようとしている。→セリフ付箋
	50	＊「台本シート」はグループで保管する。	

※【知】…知識・技能、【話／書／読】…思考・判断・表現、【主】…主体的に学習に取り組む態度。◎は記録に残す評価、○は形成的評価。

2	 3 8 28 48 50	1．舞台設定（どこを北とするか等）の理解、小道具の使い方の確認。(3 分) 2．上演の準備。(5 分) 3．劇の上演。 ・Aチーム (1 場→ 2 場→ 3 場→ 4 場)(移動など含めて 20 分) ・Bチーム (1 場→ 2 場→ 3 場→ 4 場)(移動など含めて 20 分) 4．「台本シート」の回収 (2 分)	1．休み時間中に机、椅子の配置を「劇場」にさせておく。名札や小道具を用意しておく。 3．欠席者がいた場合、他のチームの同場同役の生徒に代演してもらう。
3	 20	1．振り返り。(20 分) ①「あなたがセリフを作るにあたって、どのようなものを参考にし、どのような工夫をしましたか。具体的に説明してください。」 ②「『鴻門の会』の登場人物の関係図を、互いに対する心情も含めてまとめなさい。」 ＊残りの時間は次の単元の導入、あるいは知識及び技能分野の復習など。	1．【主◎】文章の背景や作品の他の部分を根拠にしてセリフを考えようとしている。→振り返り① ＊セリフの引用には、「台本のまとめ」を参照させる。 1．【読◎】具体的な根拠をもって作品を解釈できている。→振り返り②

○支援の詳細

「心情を言葉にして演じる」ということが、この活動の中心となります。どのように演じるのか、はじめに例を見せて、イメージを持たせるとよいでしょう。

i 「劇」のイメージを伝える話の例（口頭）

みなさんが演じる「劇」は、本文に書かれているセリフを演じるだけではありません。活動のメインは、「心情を言葉にして演じる」ことです。「鴻門の会」を読んで、登場人物の行動の裏には、さまざまな思惑が交錯していることを感じたと思います。また、中には、何を考えてこういう行動を取ったのかと疑問に思うところもあったかもしれません。皆さんには、これから渡す「資料」や、自主的に探した情報によって、その行動の背景を調べた上で、登場人物の心情を推測し、セリフにしてもらいます。

コントなどでも、実際に口に出していることと、心の中で思っていることの両方をセリフにしていることがありますよね。たとえば……（演じる）

（ああ、今日は初めてのデートだ、彼女が来たら、最初になんて言おう、そうだ、「その服かわいいね、よく似合っているよ。」がいい、うん、そうしよう。あっ、来た。）

「えっ、ううん。全然待ってないよ。それより、その服、いいね、えっ、いつもの制服？　あ、本当だ！　ハハハ……。」

このように、実際に口に出す言葉は相手の方を向いて言い、心の中で思っていることは、相手とは違う方を向いて言うとよいと思います。

ii グループ分けの詳細

劇化する部分は、「項王即日、因留沛公与飲」（項王はその日沛公を引き留めて酒宴を開いた）から、項王が樊噲に「坐」（座れ）と言った部分までとし、それを四場に分けます。

この四場をAチーム、Bチームの二つのチームによって上演できるようにすると、8グループになります。グループの人数は、各場で心情を「セリフ」にできる人数に合わせて、すべての生徒に「心情をセリフにする」という活動ができるようにします。「ナレーター」も、「語り手としての感想」をセリフにします。四〇名のクラスであれば、次のように分けるとよいでしょう。

・第一場　宴の席次の説明、范増の合図に項羽が従わない場面。
六名（ナレーター、項王、項伯、范増、沛公、張良）
※張良と項伯は第三場「交戟の衛士」役でも出演
・第二場　項荘が剣の舞で沛公を殺そうとするが項伯が防ぐ場面。
六名（ナレーター、項王、項伯、范増、沛公、張良）
・第三場　樊噲が話を聞き、帳の中に入ろうとする場面。

三名（ナレーター、樊噲、張良）＋「交戟の衛士」二名（第一場メンバーより）
※張良は第四場で酒や肉を運ぶ召使としても登場
・第四場　樊噲の演説に項羽が反論できず「座れ」という場面。
五名（ナレーター、項王、張良、樊噲1、樊噲2）＋召使（第三場メンバーより）
※樊噲のセリフが長いので、「夫秦王」のところでキャストが入れ替わる。

クラスの人数が少ない場合は、第四場のナレーターを張良と兼任にしたり、第一場の沛公に第二場にも残ってもらったり（その場合、第二場ではセリフは言わない）するなどして、人数を調整します。

iii 第○場担当班への「学習指示」の内容例（ワークシート①、一人につき一枚）

●第一場担当班への学習指示

1　「第一場」の本文および現代語訳を読み、内容を把握する。（3分）
2　次の「課題」について「資料（↓141ページ）」（特に①②項王の人物像⑤「鴻門の会」前夜にあったこと）を参考にして個人で考える。（5分）

【課題】范増の合図に対して項王が「黙然不応」であったのはなぜか。
（第二場…項荘が剣舞を始めた時、項王はどう思ったか、また、沛公はどう思ったか。
第三場…張良はどのような気持ちで樊噲のところに行ったのか。

（第四場…項王はなぜ樊噲の言葉に反論せず、ただ「座れ」と言ったのか。）
3　課題についてグループで話し合う。自分が書いた意見に修正を加える。（4分）
4　配布された「台本シート」をもとに、配役を決める。（5分）
5　「第一場の流れ」に従って、自分が分担することになった役の心内語を考えて付箋に書く。班の人と相談してもよい。なお、それぞれの人物の心情を考える時には、左に示した資料を参照のこと。（10～15分）
・項王…資料①②⑤／項伯、張良…資料④⑤／・沛公…資料⑤⑥／范増…資料③⑥
6　付箋を「台本シート」に貼り、検討し合う。時間があれば練習をする。

iv「第〇場の流れ」内容例（ワークシート②、一人一枚「学習指示」の裏面に印刷）

●第一場の流れ（すでに五人が座っているところから始める）
・ナレーター　※現代語訳を棒読みするのではなく、文体、話し方を工夫して、キャラ付けをする（例　アナウンサー風、昔話風、ドラマの副音声風、スポーツ実況風など）。
「項王即日、因留沛公与飲。項王・項伯東嚮坐、亜父南嚮坐。亜父者范増也。」
→この部分をナレーション。
・項王　この時思っていることを言う。
・項伯　この時思っていることを言う。

・ナレーター「沛公北嚮坐、張良西嚮坐。」をナレーション＋この席の配置について論評する。
・沛公　この時の気持ちを言う。
・張良　この時の気持ちを言う。
・范増　この時思っていることを言いながら「范増数目挙所佩玉玦、以示之者三。」の動作をする。
・項王「黙然不応」の理由がわかるような心情をセリフにして言う。
※項王の演技が終わったら、項王役の人が「以上」と言う。

Ⅴ「資料」の内容（一人一枚　口語訳の裏面に印刷）

『史記』「項羽本紀」[3]から参考となる部分の口語訳を抜粋し、次のように見出しをつけました。

①項王（項籍）はどんな少年だったのか
②項王は、降伏した秦の兵に対してどのような扱いをしたか。
③范増は沛公に対してどのように感じたか。
④項伯と張良はどのような関係か。沛公は項伯をどう思ったか。
⑤「鴻門の会」の前夜、項伯と項王は何を話したか。
⑥沛公が宴席から退出した後、何があったか。

ⅵ 「台本シート」の詳細（ワークシート③、グループに一枚）

「台本シート」には、配役を書き、班員それぞれが考えたセリフを書いた付箋（5㎝×7・5㎝）を貼付させます。

このサイズの付箋はあまり一般的ではありませんが、一回分のセリフを書くのにちょうどよいサイズです。付箋の使用によって、一人ひとりが同時に作業でき、上演時に自分のセリフを手のひらに貼って参照することもできます。

ⅶ 上演の支援

一般教室で行う場合は、休み時間中に机を後ろに下げ、椅子だけを前において客席を作り、前方部分を「舞台」にできるように配置させておきます。

配役を示す名札、刀、盾、槍、玉玦、大杯、肉などの小道具を準備しておきます。筆者は刀（3本）だけはスポンジのものを購入しましたが、それ以外は学校にあるものを使ったり（交戟の衛士の槍をホーキで代用するなど）、段ボールで作成したりしました。

ⅷ 「台本のまとめ」プリントについて

五〇分という単位時間は、八つの班が劇を上演し終わるには十分ですが、振り返りの時間までを設けることは難しいと思います。二時間続きの授業にして、振り返りまでその場で終えるのが理想ですが、そうでない場合は、回収した台本をもとに各班のセリフを再現したプリントを作成し（次ページ参照）、それを参照して振り返りを行わせるとよいでしょう。各班の台本のプリント化は、当日欠席した生徒にも、劇の視聴の補填ができるという利点もあります。

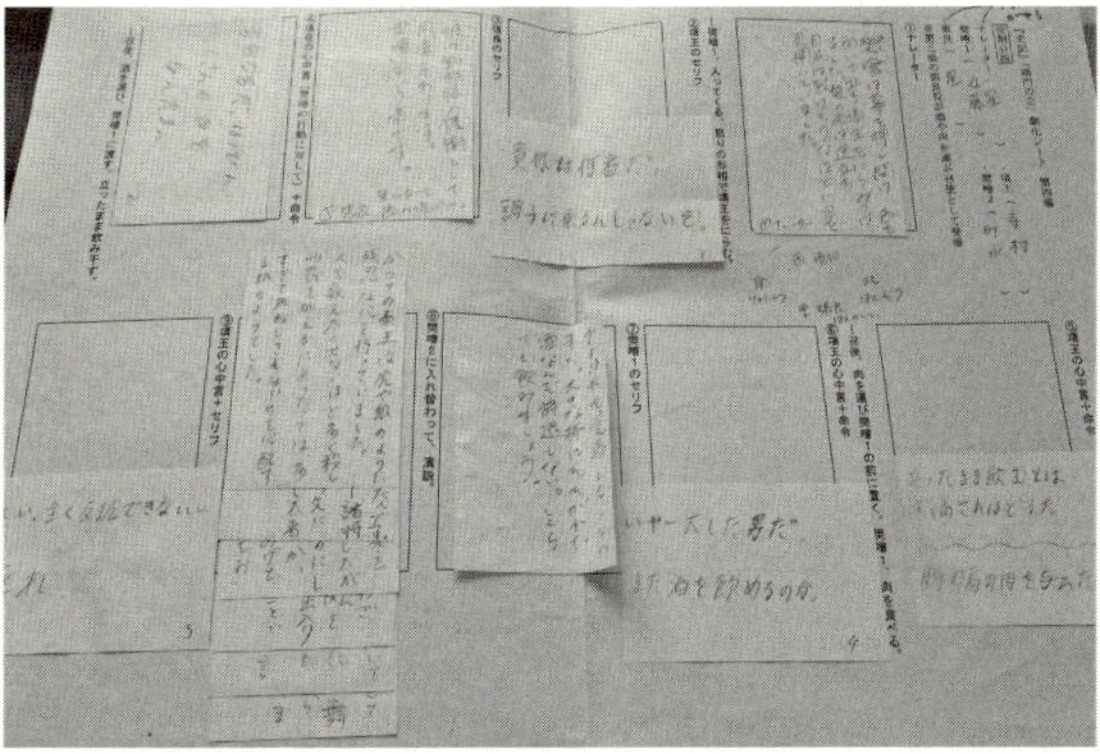

台本シート

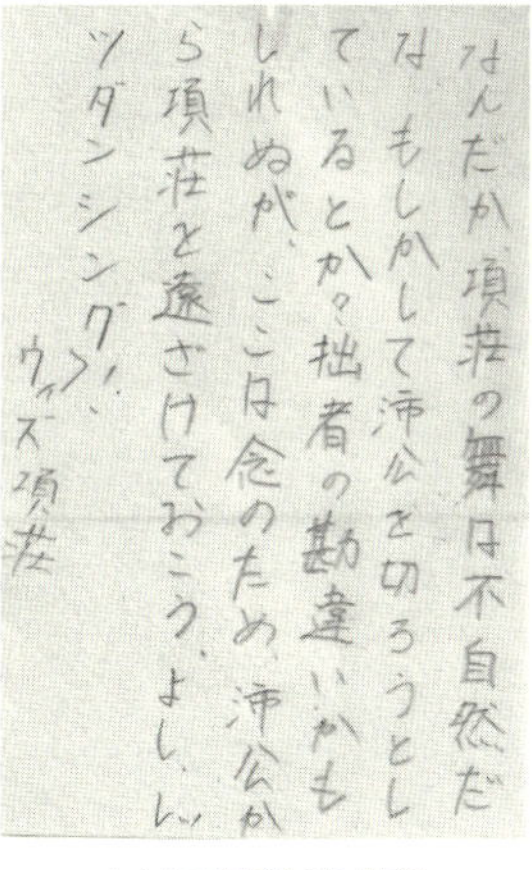

セリフを書いた付箋

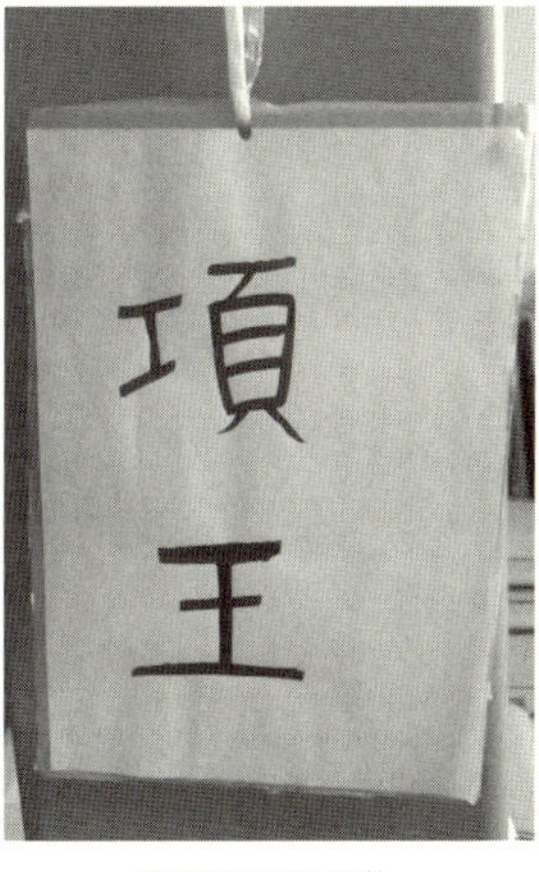

配役を示す名札

小道具の刀

●第1場の「台本のまとめ」より（生徒が考えたセリフの根拠を筆者が※以降に補いました。）

・ナレーター（レポーター風　項王と項伯の席を説明した後、それぞれの登場人物に「今どんなお気持ちですか」とインタビューする。）

・項王（范増に沛公を殺せって言われたけど項伯に殺さないって約束したから、今回は殺さないでおこう。）※資料⑤「『鴻門の会』前夜」参照。「項王は沛公を撃たないことを許諾した」。

・項伯（まさか項籍が年長者の私の助言に逆らうことはないだろうが…。）※項伯は項羽の伯父のため、心内語では「羽」という字ではなく、幼少時の名である「籍」を用いているであろうという考えによる。

・ナレーター（沛公と張良の席を説明し、「これはお客様に対して、大変失礼な席次ですね。お客様はどのような気持ちでいるのでしょうか」とインタビュー）

・沛公（身分が低い者が座る南側に座らされてしまったけど、戦わずして終わるのなら、そんなことはどうでもいい。）

・張良（予め項伯に頼んで手は打ってあるが、うまくこの場を切り抜けられるか心配だ。）※資料⑤「『鴻門の会』前夜」参照。沛公の「わたくしが将軍の恩誼にそむいたりしないことをお口添えください。」という言葉に対して、項伯は承諾している。

――范増、項王の方に目配せし、三回玉玦を見せる。

・范増（沛公には、項王様を立てる気持ちはありませぬ。今すぐにでもやつを殺すべきだと…。）
・項王（范増が「殺せ」ってめっちゃにらんでくるなー。でも沛公には関中に入れてくれた恩がある。約束したし…。しかし、にくいぞ、沛公！）※資料⑤「『鴻門の会』前夜」参照。項伯が「沛公は大功ありというべきであります。今、人に大功があるのに、これを撃つのは不義であります。」と言うと、項王は沛公を撃たないことを許諾している。

○ここで、これを評価する（形成的評価は省略　レシピ表内の記述参照）

・「振り返りシート」①＋セリフ付箋 記録に残す評価 【主体的に学習に取り組む態度】

「あなたがセリフを作るにあたって、どのようなものを参考にし、どのような工夫をしましたか。具体的に説明してください。」に対して、「資料」や自主的に調べた情報が入っており、かつ、それがセリフづくりに具体的に生かされていることを規準とします。

・「振り返りシート」② 記録に残す評価 【読むこと】

「『鴻門の会』の登場人物の関係図を、互いに対する心情も含めてまとめなさい。」に対して、本文の記述や資料で学んだことを根拠とした解釈ができているかを評価します。

○アレンジの可能性

このレシピでは、解釈の参考になりそうな部分を、『史記』「項羽本義」から指導者が抜粋して提供していますが、笠原（二〇二二）[4]のように、グループで「項羽本義」全体を分担して読み、参考となる情報を提供し合う学習に変えると、学習者の主体性をより高めることができます。

☑「作品を劇化する」言語活動のポイント

1　演じることよりも、解釈を作り上げることに力点を置く。
2　全員がクリエイティブな活動ができるような分担、手順を考える。
3　最後に本文の記述に立ち戻らせる。

1　小森陽一『大人のための国語教科書』角川書店　二〇〇九年　一二三頁。
2　三木紀人「宇治拾遺物語の内と外」『新日本古典文学大系42』岩波書店　一九九一年　五五六頁。
3　吉田賢抗『新釈漢文大系39　史記二（本紀）』明治書院　一九七三年。
4　笠原美保子「『鴻門の会』を演じる――物語を自分の力にする」石井英真編著『高等学校真正の学び、授業の深み――授業の匠たちが提案するこれからの授業』学事出版　二〇二二年　六〇〜六九頁。

4　インタビューをする

A「話すこと・聞くこと」自体を学ぶための活動（甘口）

まとまった話を聞く唯一の機会になる場合も

本レシピは、身近な大人のライフストーリーについて、年表を作るなどの下調べをした上で、聞きたいポイントを決めて話を聞き、その内容をスピーチする活動です。

このレシピを考えたきっかけは、ある高校で三年生の担任をしていた際に、三者面談などの様子から、彼らと保護者との会話が少ないように感じたことでした。彼らの多くが卒業後すぐに就職をしたり、結婚をしたりして、親元を離れてしまいます。その前に、「インタビュー」という活動を通して、彼らが保護者にじっくり話を聞く機会をつくりたいと思ったのです。ところが、筆者が授業を実践する前に、活動のモデルとして父にインタビューを行ってみると、そもそも筆者自身が親の人生について断片的にしか聞いたことがなかったことに気づきました。身近な存在であっても、何かのきっかけがないと、まとまった話は聞けないようです。生徒にとっても、このインタビューが、その人からまとまった話を聞く唯一の機会になる場合もあると思います。

身につけさせたい力――「話すこと・聞くこと」情報の収集・考えの形成

本レシピの活動によって学習者に期待することは、聞きたいことを明確にして相手の思いや考えを聞くことで、自分の思いや考えを広げたり深めたりする力をつけることです。

家族などに昔のことを聞く学習を、生徒たちは社会科等でも行っていると思いますが、国語科における「インタビュー」の学習は、ことばの働きに重きが置かれます。

伝えたいこと、伝えるに値することがあっても、聞き手に「受け入れ態勢」がなければ話は成立しません。本レシピでは、取材相手の年表をつくり、「この時期の、こういうことが聞きたい」という受け入れ態勢をつくって聞くことを目指します。そういう意味で、この活動は、他者を理解し、人生を豊かにするための「聞く力」を育む活動であるといえます。

① 【基本のレシピ】身近な大人のライフストーリーを聞く（甘口・5時間）

○用意するもの（詳細は後述）

・近現代の日本の主な出来事がわかる年表（社会科系の資料集等）

・ワークシート冊子

①はじめのシート　②年表シート　③スピーチ準備シート　④スピーチ聞き取りシート

●【基本のレシピ】身近な大人のライフストーリーを聞く（5時間）

時	分	学習活動	支援・評価規準
単元前		（実施より1週間ほど前に10分程度） 1．単元のねらい（視点を明確にして相手の思いや考えを聞くことで、自分の思いや考えを広げたり深めたりする力をつける）を理解する。 2．インタビューしようと思う相手や、この授業を行うにあたって、不安なことを「はじめのシート」に書く。 3．取材対象を決めて了解を取り、生年月日を聞いてくる。	3．【聞○】取材対象を考えることができているか。話を聞く対象選びに困っている生徒を抽出し、支援する。→はじめのシート
1	 30 45 50	1．取材対象者の年表の準備。（30分） ＊社会科資料集の年表等を使用し、取材対象の誕生から、学習者が10才になる頃までの略年表を書くことで、取材対象が生きた時代を理解する。 2．聞きたい時期、聞きたいことを考え、年表に書き込む。（15分） 3．インタビューの仕方の理解（5分）	1．指導者が作製した年表を参考にさせる。 2．「年表」は清書用も含めて6枚綴りにして渡しておく。
時間外		（冬季休業中などを使って） 1．身近な大人にインタビューを行う。 2．略年表を利用して、その頃にあったことを思い出してもらう。 3．聞いた話はメモしておく。 4．「年表」の清書をする。 ＊略年表に記載した取材メモをもとに、年表、エピソードを清書する。	 1～4．【聞◎】取材対象の生きた時代を整理して質問を検討し、聞き取った情報を整理できている。→年表シート

※【知】…知識・技能、【話／書／読】…思考・判断・表現、【主】…主体的に学習に取り組む態度。◎は記録に残す評価、○は形成的評価。

2	 20 35 50	1．清書した「年表」をもとに、スピーチで語る内容を考え、「スピーチ準備シート」に、箇条書きでメモする。(20分) 2．スピーチのまとめのことばを考える。 ＊「この話を聞いて、私は…」の後に、話す内容（自分の考えがどのように深まったか）を考える。(15分) 3．1分半～2分間で話せるように、メモを見ながら練習をする。(15分)	1．【主◎】聞き取った情報を整理して自分の考えを広げたり深めたりしようとしている。→スピーチ準備シート 3．読み上げ原稿はつくらないように注意する。
3 ～ 5		(1時間につき14名程度のスピーチを行う) 1．メモを時々みながら、1分半～2分間でスピーチをする。 2．一人ひとりのスピーチを聞いた後、「スピーチ聞き取りシート」に、30秒程度で「一行メモ」を書く。 3．毎時終了後に、「本時の中で、一番印象に残った話」の感想を書く。	 3．感想はプリントにして共有する。

○支援の詳細

i　単元のねらいの説明の例（口頭）

この単元では、身近な大人に、人生の話を聞き、そこで聞いた話をスピーチとして発表します。インタビューする内容は、あなた自身が十歳になるまでに起こった出来事とします。つまり、あなたが生まれる前であったり、まだ小さかったりして、よく知らない話を聞くということです。

みなさんは、身近な大人の話を、じっくり聞いた機会はありますか？　私は、この授業の準備として、実家に行って父親にインタビューをしたのですが、なんと、それが父からまとまった話を聞いたはじめての機会でした。親の話をじっくり聞く機会ってあまりないですよね。でも「仕事のため」という口実があると、とても聞きやすかったし、知らなかった色々な話が聞けて、ああー、聞けてよかったなー、と思いましたよ。みなさんも、「学校の課題」ということを口実に、身近な大人の話をじっくり聞いてみましょう。

みなさんのなかには、就職などで、間もなく親元を離れる人もいると思います。この「インタビュー」が親にまとまった話を聞く最後の機会になるかもしれません。もちろん、話を聞く相手は親でなくてもかまいません。親戚の人でも、アルバイト先の店長でもかまいません。

話とは、聞く人の受け入れ態勢があってはじめて成り立つもので、その受け入れ態勢を「聞く力」というのだと思います。取材相手の生きた時代を知り、質問したいことを検討する、そういう準備をして「聞く力」をととのえてからインタビューをしてもらいます。

ii　はじめのシート（ワークシート冊子①の内容）

「身近な大人のライフヒストリーを聞く」では、身近な大人の人生をインタビューし、聞いた話の中で、もっとも印象に残ったエピソードをスピーチにして発表します。「身近な大人」とは、家族、親族、知人等で三十五歳以上の人とします。
質問１　インタビューする相手は一人です。あなたは誰にインタビューしようと思いますか。
質問２　この授業を行うにあたって、不安なこと、今考えていることなどを書いてください。

iii　話を聞く「身近な大人」がいない生徒への支援

「はじめのシート」を見て、話を聞く「身近な大人」がいなくて困っている生徒を抽出し、担任にその生徒の事情等を聞いてから面談します。筆者の経験では、「話を聞く相手がいない」と書いた生徒は、保護者の話を進んで聞く気持ちにはなれないが、それに代わる「身近な大人」も思い浮かばないという状況でした。しかし、生徒の話を聞くなかで、「この先生の話なら聞いてみたい」という教員がいることがわかり、その教員にインタビューをお願いすることに決まりました。生徒八八名を対象とした授業で、母に話を聞いた者五三名、父三一名、祖父一名、アルバイト先の店長一名、教員二名でした。筆者は、保護者に話を聞いてもらいたいと思いつつも、そうでない大人を選ぶ生徒もかなりいるのではと予想していましたが、生徒たちのほとんどが、保護者を選ぶ結果となりました。なかには、「まとまった話を聞く唯一の機会かもしれない」という言葉が響いてくれたのかもしれません。

家を出て行った母親の勤め先に行って、話を聞いてきた生徒もいました。また、このインタビューによって自分の父親がかつてプロボクサーであったことを初めて知った生徒もいました。保護者はとくに秘密にしようとしていたわけではなかったのですが、話すきっかけがなかったそうです。これも、聞く側に受け入れ態勢がととのったことで初めて伝わった話の一つといえるでしょう。

iv インタビューの準備と実践の手引き（ワークシート冊子②年表シート表紙に記載）

1 取材対象者の年表を作る。

取材対象者が生まれた年から始めて、あなたが十歳になる年までを作ります。「主な出来事」欄は、学校入学や自分誕生など、今分かることだけを書いておきます。「社会的事件」は、資料をもとに、自分が興味を持ったこと、重要と思われるものだけを抜き書きします。すべての年に社会的事件を書く必要はありません。

2 何を質問するかを決める。

年表を作りながら、「この年代のことを聞いてみよう」と思う部分に印をつけ、質問を考えておきましょう。何を聞いてよいか思いつかない場合は、次のような視点で質問項目を考えましょう。

① 個人的な事柄について（例 就職するのって大変だった？）
② 社会的な事件について（例 バブル崩壊って、どんなことで実感した？）

③　当時の社会や文化について（例　高校生のとき、携帯使ってた？）

3　インタビューの約束をする。

身近な大人といえども、いきなりではなく、ちゃんと頼んで、礼儀を尽くしましょう。

例「身近な大人の人生の歴史を聞いて、記録を作るという学校の宿題が出ました。私は○○さんに話を聞きたいのですが、○○日の夕食後、三十分程度のインタビューに答えていただけますか。」

4　メモをとりながら話を聞く。

年表を使って、「結婚したのって○○年でいいんだっけ？」などと確認をします。そして、特に聞きたい話を三つくらい聞きましょう。聞いた話はエピソード欄にメモします。これが、スピーチのネタになります。メモを取っておかないと、すぐに忘れてしまいます。年表はあとで清書しますから、字のきれいさは気にせず、走り書きでよいからどんどんメモをとるようにしてください。

5　年表の清書（提出用）をする。○月○日〆切

自分が聞き取ってメモした紙は、将来自分の宝になると思います。とっておいてください。提出用の年表には、学校に知らせたくないことはカットして、「編集」して書いてください。「エピソード欄」は、特に、スピーチの題材にしたいことについて詳しく書きましょう。

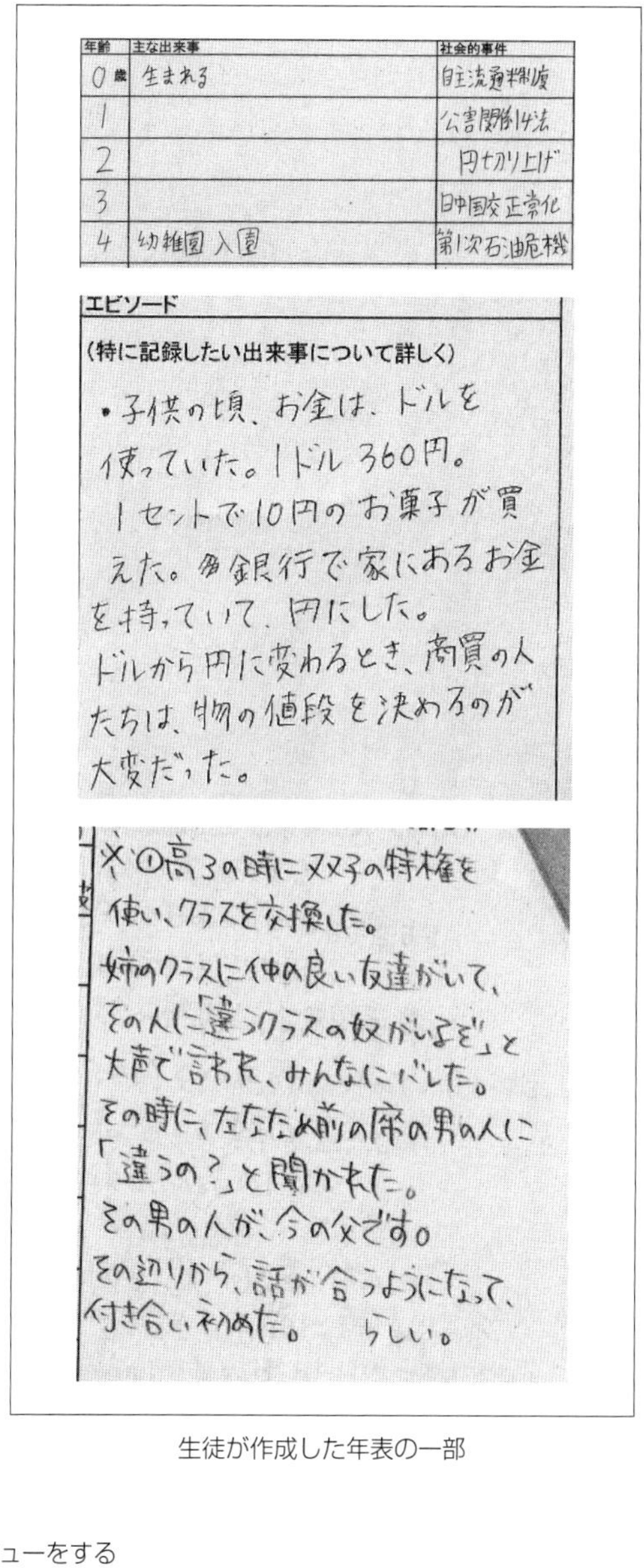

年齢	主な出来事	社会的事件
0歳	生まれる	自主流通米制度
1		公害関係14法
2		円切り上げ
3		日中国交正常化
4	幼稚園入園	第1次石油危機

エピソード
(特に記録したい出来事について詳しく)
・子供の頃、お金は、ドルを使っていた。1ドル360円。1セントで10円のお菓子が買えた。銀行で家にあるお金を持っていて、円にした。ドルから円に変わるとき、商買の人たちは、物の値段を決めるのが大変だった。

※①高3の時に双子の特権を使い、クラスを交換した。姉のクラスに仲の良い友達がいて、その人に「違うクラスの奴がいるぞ」と大声で言われ、みんなにバレた。その時に、左ななめ前の席の男の人に「違うの？」と聞かれた。その男の人が、今の父です。その辺りから、話が合うようになって、付き合い初めた。らしい。

生徒が作成した年表の一部

V　スピーチ時間は一分半〜二分間

スピーチの時間を「一分半〜二分間」とした理由は、二つあります。一つは、話の焦点を絞らせるためです。一分間のスピーチで話せる情報量は原稿にして四〇〇字程度ですので、一分半なら原稿用紙一枚半、二分間なら二枚分を話すことができます。紹介するエピソードを絞り、自分の考えの深まりに焦点をあてさせるのなら、一分半〜二分間が適当であると考えます。NHK杯高校コンテストの「アナウンス部門」の規定は、学校名、氏名を含めて一分十秒から一分三十秒です。[1] このような短い時間でも、意味のある内容は話せるのです。二つめの理由は、一人あたり二分以内であれば、一クラス四〇名のスピーチを3単位時間で行うことができることです。他の指導事項との兼ね合いや、聞く生徒の集中力を考えると、一回のスピーチ発表に要する時間としては、3単位時間くらいが適当と考えました。

vi スピーチ準備シートの内容（ワークシート冊子③）

スピーチの枠組みのなかに、話を聞いたことによる自分の認識の深まりを言語化するしかけをつくっておきます。

・初めの言葉
私は、（　　　　　　　）さんから聞いた話をします。
・話す内容を簡単に箇条書きでメモしておこう。※読み上げ原稿にしないこと！
・まとめの言葉（話を聞いて、自分の考えがどのように深まったかを言って終わる）。
この話を聞いて、私は…（　　　　　　　　　　　　　　）
これでスピーチを終わります。

ⅶ スピーチ聞き取りシートの内容（ワークシート冊子④）

生徒の聞くことに対する集中力を保つためと、感想を共有するために用います。

・スピーチを聞いて、誰から聞いた、どのような話だったかをメモしなさい。
（スピーチ予定者の氏名の後に、それぞれ一行分の書き込みスペースを設ける。）
・本日聞いた話の中で、一番印象に残ったのは誰の話でしたか。感想も書いてください。

○ここで、これを評価する

・「はじめのシート」 形成的評価 【聞くこと】

取材対象を考えることができているかを見取り、話を聞く対象選びに困っている生徒と一緒に、取材対象を考えて支援をします。

・「年表シート」 記録に残す評価 【聞くこと】

年表の記述を見て、取材対象の生きた時代を整理して質問を検討しているか、また、聞き取った情報を整理できているかを見取ります。

・「スピーチ準備シート」 記録に残す評価 【主体的に学習に取り組む態度】

「準備シート」の記述から、インタビューによって自分の考えを広げたり深めたりしようとしている様子を見取ります。今回はスピーチ自体の巧拙は評価しません。

☑「インタビューをする」言語活動のポイント

1 機会を設けてまとまった話を聞くことの意味に気づかせる。
2 インタビュー前の下調べを丁寧に行わせ、「聞きたいこと」を明確にさせる。
3 聞いたことによる自分の認識の深まりを言語化させる。

1 「第七十一回NHK杯全国高校放送コンテスト要項」二〇二四年　八頁。

5　詩を書く

C「書くこと」を学ぶ原動力としての「読む」活動（中辛）

「伝えなくてもよいことば」というバリエーション

本レシピでは、詩についての評論を読み、詩集を読む、という「読む」活動をしますが、その主な目的は、詩を「読むこと」の力をつけることではなく、「詩を書く心」を喚起することにあります。

インターネットによって、誰もが、自分の書いたことを発信することが容易になった現在、不用意に発信したことばによる「炎上」が多くなりました。子どもたちは、そうした事例を経験したり、見聞きしたりするうちに、つねに無難な表現をこころがけるようになってきているように感じます。しかし、人の思いは、つねに無難な言葉だけで支えられるものではありません。だから人には、人に伝えない、自分のためだけのことばが必要になるのです。

詩は、伝えなくてもよいものです。あるいは、伝わらなくてもよいものです。そして、だからこそ、自分を見つめたり、自分を癒したりすることに役立つということがあります。本レシピにおける「読む」活動は、「詩」の、そうしたはたらきに焦点をあて、「自分も書いてみよう」と思わせるためのしかけです。

身につけさせたい力――「書くこと」考えの形成・記述

本節で紹介するレシピで身につけさせたい力は、詩の特徴や修辞の働きなどを利用して、自分のことばをつかみ出し、表現する力です。

髙木まさき氏は、韻文や物語などの創作における、認識力の育成の重要さを

> 詩や短歌・俳句、さらには物語などを創作させることがあっても、作品の善し悪しは二次的なことにすぎません。(中略)創作の過程での気づき=認識力の育成などの方が大事だということです。[1]

と述べています。本レシピでも、「上手な詩が書けること」よりも、学習者が詩のもつ力に気づき、実生活のなかで、必要に応じて詩を書くという選択肢をもてるようになることをねらいとします。

1【基本のレシピ】詩を紹介する、詩を書いてみる(中辛・3・5時間)

○用意するもの(詳細は後述)

・詩についての文章(荒川洋治『詩とことば』[2]より)

・ワークシート・まとめプリント(計6種)

①読解シート　②詩の紹介シート　③○組の生徒が紹介した詩から

④「詩を書いてみよう」シート　⑤みんなが書いた詩　⑥認識を深めるシート

● 【基本のレシピ】詩を紹介する、詩を書いてみる（3.5時間）

時	分	学習活動	評価規準・支援
1		1．単元のねらい「詩の特徴や修辞の働きなどを利用して、自分のことばをつかみ出し、表現する力をつける」を理解する。（5分）	
	5	2．詩についての文章（荒川洋治『詩とことば』）を黙読し、「読解シート」に記された次の問いについて考える。（個人20分） ①「詩のことば」が「個人のことばを応援し、支持する」とはどういうことか。 ②「詩は、読まれることをほんとうには求めていない」とはどういうことか。	2～4.【読○】論点を明確にしながら要旨を把握している。→観察
	25	3．グループで話し合い、意見をまとめる。（15分）	4．すべての班に発表させるのではなく、活動のようすを評価し、適切なものを選んで板書させる。
	40	4．全体での意見の共有。（10分）	
	50		
2		1．活動の概要を理解する。（2分）	＊学校図書館で行ってもよい。
	2	2．詩集を選ぶ。（5分）	
	7	3．詩集から、紹介する詩を選び、「詩の紹介シート」を書く。（20分）	3.【読○】作品に表れているものの見方、感じ方、考え方を捉えている。→紹介シート
	27	4．4人グループ（座席）で、一人4分程度、詩を紹介する。（18分） ①詩を見せながら、朗読する。 ②紹介ポイントを伝える。 ③詩の解釈や感想を話し合う。 （①と②は逆の順でも可）	
	45	5．活動の感想を記述する。（5分）	
	50		

※【知】…知識・技能、【話／書／読】…思考・判断・表現、【主】…主体的に学習に取り組む態度。◎は記録に残す評価、○は形成的評価。

3	 6 12 50	1．クラスの生徒が紹介した詩の中から三編を抜粋して載せたプリントによって、詩のさまざまな表現方法を共有する。(6分) 2．宮沢賢治「目にて云ふ」を読む。(スライド投影、6分) 3．「詩を書いてみよう」シートに詩を書く。「書いてみて気づいたこと、感想」も書く（38分) 4．詩の提出。	1．「○組の生徒が紹介した詩」としてプリントにする。 2．必ずしも自分のことを書かなくてもよいことを伝える。 3．作品及び氏名のプリント記載の可否を書かせておく。 4．【主◎】自分の表現をつくり出そうとしている。→詩作品
3.5	 10 25	1．「みんなが書いた詩」を読む。(10分) 2．「認識を深めるシート」の記述。(15分) ①自分が詩を書いていたときの心の状態 ②心に残った表現とその理由 ③詩表現の特性や可能性 ＊残り時間は次の単元の導入等とする。	 2．【書◎】詩の表現がもつ力についての認識力が育っている。 →ワークシート

○支援の詳細

i　下ごしらえ――詩表現についての理解

このレシピは、学習者が詩の修辞（繰り返し、行分け、行間、リズム、比喩等）とその効果についての基本事項を既習していることを前提としています。学習者たちの理解の度合いを確かめて、必要に応じてそうした学習を行っておくとよいでしょう。

ii　単元のねらいの説明例（口頭）

この単元の最終目標は「詩を書くこと」です。「詩を書く」って、ちょっと恥ずかしいと思う人がいるのではないですか？　詩にはなにか、気取ったもの、というイメージをもつ人もいるかもしれませんし、また、本当の自分が出てしまうような怖さを感じる人もいるかもしれません。本当の自分が出てしまって、それを、笑われたり、馬鹿にされたりしたら、ダメージが大きいですよね。でも、今回書いてもらう詩は、必ずしも他人に見せるためのものではありません。まあ、もちろん私は見ますけれど、ペアで見せ合うとか、一人ずつ読み上げるとか、全員分をプリントにするとか、そういうものではありません。実は、「詩を書く」学習のねらいは、「伝えないことば」を学ぶことなのです。

今は、ＳＮＳとかで、すぐ自分のことばを発信できますよね。それで、配慮を欠いたことばが伝わってしまうと、ものすごく炎上することがあります。場合によっては、発信したことばが原因となって、地位や職業を失うような例もあります。だから皆さんは、ネット上での発言に、とても注意して、無難な表現を心がけているのではないかと思います。

でも実際には、人の気持ちは、無難なものばかりではないはずです。そして、無難な表現では支えきれない感情が胸にたまることもあるはずです。そういうとき、オンラインではなく、オフラインで「伝えないことば」を書くことが、自分の心を支えてくれます。とくに、詩を書くことは、個人的な感情のかたまりを、見つめたり、逃がしたり、癒したりする手段として有効です。私の経験で言うと、十代後半が特に「詩」を必要とする時期だと思います。心に思いがたまって苦しくなった時、どうしようもないそのときに、「詩を書く」という選択肢をもてること、それがこの単元のねらいです。まずは、「詩」についての文章を読んだり、「詩集」から詩を選んだりする活動を行って、「詩」のさまざまな可能性を知った後に、詩を書いてみましょう。

iii 教材について

詩についての文章として、荒川洋治『詩とことば』を選びました。この本は、「詩」をわかりやすい表現で分析しており、本レシピが目指す「伝えないことば」としての詩の可能性を理解できる内容が含まれています。本の中から、三編「散文は『異常な』ものである」、「空隙」、「読者がいたら、こまる」を選びました。以下はその概要です。

・「散文は『異常な』ものである」（四一〜四五頁）

マイヤー「鎮魂歌」の

まだ一つ、あの丘の上の鐘だけが
いつまでも默つてゐる。
だが今それは搖れ始める。
ああ、私のキルヒベルクの鐘が鳴つてゐる。

という部分を題材に、詩のことばや語りの手順が、人間の知覚の自然に基づいたものであるのに対して、散文は、それを人に伝わりやすい順序に組み替えた、ある意味「異常」なものであることを述べています。

・「空隙」（一二六〜一三三頁）

シベリア抑留、そして帰国後の差別を経験した石原吉郎の詩「馬と暴動」および「フェルナンデス」を題材に、次のように、詩の「個人の思いを応援するはたらき」を述べています。

詩は、自由なものである。それが日本語としてどう崩れていようと、乱れたものであろうと、無様であろうと、詩の世界では、ゆるされる。むしろあわれなもの、さびしいもの、どこにも行き場のないようなものにこそなさけをかける。そしてそれらを擁護する。抱擁する。それが詩のもつ、あたたかみである。まわりにあるすべてのものが信じられなくなったとき、石原吉郎には、詩のことばが見えた。

個人が体験したことは、散文で人に伝えることができる。その点、散文はきわめて優秀なものである。だが散文は多くの人に伝わることを目的にするので、個人が感じたこと、思ったことを、捨ててしまうこともある。個別の感情や、体験がゆがめられる恐れがある。散文は、個人的なものをどこまでも擁護するわけにはいかない。その意味では冷たいものなのである。詩のことばは、個人の思いを、個人のことばで伝えることを応援し、支持する。その人の感じること、思うこと、体験したこと。それがどんなにわかりにくいことばで表されていても、詩は、それでいい。そのままでいいと、その人にささやくのだ。

・「読者がいたら、こまる」(一五七～一六〇頁)

詩が、読まれることを本来の目的とはしていないということを次のように述べています。

自分の詩が読まれたいという気持ちは誰にもある。読まれることはたしかにうれしいこと。でもほんとうに詩は、読まれていいのだろうか。読まれることはむしろこわいことではないのか。

読まれてしまったらおしまいではないか。自分のことばが、はだかにされたらこまるのではないか。（中略）

詩は、読まれることをほんとうには求めていない。人に読まれないからこそ、詩は生きることができる。それは少しもうしろ向きの考えではない。むしろそのことが詩を前向きなものにする。

iv 詩集について

現代の日本では、あまり詩集が読まれないようです。私の学校の図書館でも、蔵書である『現代詩文庫』（思潮社）のシリーズが、[3]利用者が少ないために廃本候補となっていました。しかし、そのような時代だからこそ、教室に詩集を持ち込み、詩に出会わせることに意義があると思います。筆者は、学校図書館にあった『現代詩文庫』八〇冊を国語科で貰い受け、教材としました。学校図書館に十分な量の詩集がない場合は、他の学校図書館や公共図書館との連携によって借り入れるとよいでしょう。

v 詩の選ばせ方

筆者は生徒ロッカーの上のスペースに八〇冊を並べて、自由に詩集を選ばせました。生徒たちの多くは表紙に書かれた作者名を手がかりに本を選ぼうとしました。そこで、この生徒たちが以前教材として読んだ、丸山真男の「『である』ことと『する』こと」を引用して、「この作者名を聞いたことがあるということだけで本を選ぼうとする人は『であること』の論理で詩集を選ぼうとする人です。読んでみなければ分からない、という『すること』の論理も思い出してください。」と言うと、本を開いて、目に飛び込んできたことばの印象から、本を選ぼうとする生徒が増えました。読んでいて「違うかな」と思ったら本を変えてよい、ということも伝えました。各クラス二～三名の生徒が、途中で本を変えました。

また、紹介する詩の選び方については、「紹介する理由は自由です。『気持ちが惹かれた』でもよいし、『ものすごく訳がわからない』でも構いません。なんらかの理由で紹介するポイントを決めてくださいさい。」と説明しました。

vi 「紹介シート」の内容

手に取った詩集の中の一編を選び、グループ内で紹介します。紹介するためのメモを作ってください。

・詩人の名前
・紹介する詩の題名
・紹介ポイント（箇条書きで）

*詩を紹介し合う活動を通して感じたこと、気づいたこと（活動後に書く）

ⅶ「目にて云ふ」の紹介

提出された「紹介シート」をもとに、各クラス三つずつの詩を選んでプリントにします。学習者が「こういうものを書いてみたい」と思う仕掛けになるように、考えさせられる内容の詩、学習者に身近に感じられる詩、変わった表現の詩、のようにバリエーションをもたせて詩を選びます。それでもまだ、詩を書くこと＝自分をさらけ出すこと、というふうに考えて抵抗感をもつ生徒はいるでしょう。

以前、ある生徒から、小学校時代に、自分の素直な表現を笑われたり、からかわれたりしたことがあり、それ以来自分がほんとうに感じたことは教室で表現しない、と告白されたこともあります。そのような、自分をさらけ出すことに忌避感をもつ生徒のために、宮沢賢治の「目にて云ふ」をスライドで紹介しました。この詩は、他者の視点で書かれた詩です。

だめでせう
とまりませんな
がぶがぶ湧いてゐるですからな

ゆふべからねむらず血も出つづけなもんですから
そこらは青くしんしんとして
どうも間もなく死にさうです

けれどもなんといゝ風でせう
もう清明が近いので
あんなに青ぞらからもりあがって湧くやうに
きれいな風が来るですな
もみぢの嫩芽と毛のやうな花に
秋草のやうな波をたて
焼痕のある藺草のむしろも青いです

あなたは医学会のお帰りか何かは知りませんが
黒いフロックコートを召して
こんなに本気にいろいろ手あてもしていたゞけば
これで死んでもまづは文句もありません
血がでてゐるにかゝはらず

こんなにのんきで苦しくないのは
魂魄なかばからだをはなれたのですかな

たゞどうも血のために
それを云へないがひどいです
あなたの方からみたらずゐぶんさんたんたるけしきでせうが
わたくしから見えるのは
やっぱりきれいな青ぞらと
すきとほった風ばかりです。

この詩は、道端で瀕死の状態にある人が、通りかかって手当てをしてくれている医者に、目で語りかけるという内容です。詩の語り手は作者本人ではありません。自分を語ることに抵抗感をもつ生徒のために、このような、他者の視点で語るバリエーションも知らせます。実際には、他者の視点を選んで詩を書いても、そこには自分が表れるのですが、ここではそういうことはあまり伝えずに、「書いてみよう」という気持ちを後押しすることを優先します。

ⅷ「詩を書いてみよう」シートの内容（ワークシート④）

「詩を書いてみよう」シートには、二〇行ほどの罫線の後に、「書いてみて気づいたこと、感じたこと」を書く欄を設けます。さらに、

この作品をプリントに載せてもよいですか？　いずれかの（　）に○を。
（　）文章も氏名も掲載可
（　）匿名掲載なら可
（　）不可

という質問をつけておきます。筆者が高校で行った実践では、「文章も氏名も掲載可」が二割ぐらい、「匿名掲載なら可」が六割ぐらい、「不可」が二割ぐらいでした。

筆者が作品集のプリントを作った際は、生徒の選択にしたがって、氏名も可とした作品は作者名とともに載せ、匿名の作品は作品番号をつけて順不同に並べました。ただし、読んでいて、ひっかかるものを感じた作品には注意しました。たとえば、借り物の表現のように感じた作品は、インターネットで調べて、類似の詩がないかどうか調べました。すると、明らかに他の詩（歌謡曲）の表現を借用したものが見つかったので、その詩は掲載せず、生徒のプリントにはその理由を記載しました。また、特定の誰かを攻撃したり揶揄したりすることにつながりそうな表現があれば、載せないことにしました（実際にはありませんでした）。生徒のことばに対する「違和感」を大切にして、フィルターをか

けるということも、「指導と評価の一体化」の一つだと思います。

ⅸ 認識を深めるシートの内容（ワークシート⑥）

詩を読んだり書いたりしたことで、詩についての認識がどう深まったかを、次の手順でまとめてみましょう。
①自分が詩を書いているとき、どのようなことを考え、どのような気持ちになりましたか。心の動きを思い出して言語化してください。
②「みんなが書いた詩」、あるいはクラスメイトから紹介された詩、詩集で読んだ詩のなかで、心に残った表現を一～三か所あげて、なぜその表現が心に残ったのかを記述してください。
③詩を読んだり書いたりする学習を通して、詩という表現のどのような特性や可能性に気づきましたか。

○ここで、これを評価する（形成的評価は省略　レシピ表内の記述参照）

・「詩作品」 記録に残す評価 【主体的に学習に取り組む態度】
自分の表現を作り上げようと努力し、完成させたことを評価します。

・「認識を深めるシート」 記録に残す評価 【書くこと】
詩という表現の特性や可能性についての認識が深まっているかを、①や②の具体性を伴った記述、および③における認識の言語化を見取って評価します。「認識を深めるシート」に記載された「みんなが書いた詩」への感想は、のちに印刷して共有します。

☑「詩を書く」言語活動のポイント

1 「書くこと」には「伝えない」という選択肢もあることに気づかせる。
2 詩の「個人の思いを応援する」はたらきを実感させる。
3 詩の善し悪しではなく、「認識力の育ち」を評価する。

---

1 高木まさき『国語科における言語活動の授業づくり入門』教育開発研究所 二〇一三年 一五六頁。
2 荒川洋治『詩とことば』岩波現代文庫 二〇一二年。
3 『現代詩文庫』は戦後詩人の代表的作品を収録した二百巻を超えるシリーズで、現在も刊行が続けられている。筆者の勤務校の図書館には、その一～八十巻があった。

6　物語に書き換える

Ｃ「読むこと」を学ぶ原動力としての「書く」活動（甘口〜中辛）

抽象的な概念を、具体的・身体的に理解する

生徒に論理的な文章を読ませて、わからない部分はありませんか、と聞いても質問は出ない。けれど、どのような内容が書いてありましたかと問うと、大した言葉が返ってこない。このようなことはよくあるのではないでしょうか。また、要約をさせてみると、抜き出した言葉を繋ぎ合わせただけの、言葉が上滑りしたようなものが出来上がり、本当の理解になっていないことが見取れることも多いものです。そこで、本レシピでは、論理的文章に述べられた抽象的な概念を、子どもにもわかるような物語という形に具体化するという作業を通して、「わかったつもりの読み」を深い読みに変えることを促します。

すでに登場人物やストーリーのある「小説」や「戯曲」の翻案などとは違って、論理的文章を「物語」にすることには､そこに人あるいは擬人化された何かを新たに登場させる作業が必要になります。本レシピは、その過程のなかで、抽象概念を身体感覚を伴って理解させることもねらっています。

身につけさせたい力――「読むこと」精査・解釈

本節で紹介するレシピでは、論理的文章を物語に書き換える活動を通して、作品や文章に表れているものの見方、考え方、感じ方を捉え、内容を解釈する力を身につけさせることをねらっています。

①【基本のレシピ】論理的文章を物語に書き換える。（中辛・5時間）

基本のレシピは、論理的文章のエッセンス（真髄・もっとも大切な要素）を、小学校四年生程度を対象とした物語に書き換えるグループ活動です。四人程度のグループで、抽象的な概念を小学生にわかりやすく効果的に伝えるためのストーリーを一から考え、その文章をスライドで作成して発表します。

○用意するもの

・書き換え元となる論理的文章
・ワークシート冊子
①表紙…単元名、本単元での学習事項、氏名記入欄　②書き換えの例
③本文理解のための設問　④本文のエッセンス　⑤作成条件と活動手順　⑥関連資料
⑦子ども向けの本の文体の例　⑧話合いと決定事項　⑨スライド構成シート
⑩自分の分担ページの内容と、本文のエッセンスとの関係　⑪振り返り

● 【基本のレシピ】論理的文章を物語に書き換える（5時間）

時	分	学習活動	評価規準・支援
1		1．単元のねらい「論理的文章を物語に書き換えることで解釈の力をつける」を理解する。(10分)	
	10	2．問題提起、筆者の主張、根拠などに気をつけて、書き込みをしながら文章を読む。(20分)	2．書き込みの例は79ページ参照。
	30	3．書き込みを見せ合いながら、ペアで本文の要旨を共有する。(5分)	3～5.【読○】内容や構成、論理の展開などについて叙述を基に的確に捉え、要旨や要点を把握している。→観察
	35	4．文章の論旨を明らかにするような発問に対して3～4人のグループ（座席班）で話し合う。(8分)	
	43	5．教師による各班の話合い内容の紹介および説明によって、読み取るべき基本事項を共有する。(7分)	
	50		
2		1．書き換えの条件を理解し、書き換え例のスライドを見る。(12分)	
	12	2．4人程度のグループに分かれる（教師によるグループ分け）(1分)	
	13	3．グループで、「本文のエッセンス」について話合う。(17分)	3.【読○】作品の記述に即して「本文のエッセンス」がつかめている。→観察
	30	4．関連資料を分担して読む、インターネット検索をする、身近な例を考える等の活動後、物語化に役立ちそうな情報やアイデアを伝え合い、「話合いと決定事項」欄に記録する。(20分)	
	50		

※【知】…知識・技能、【話／書／読】…思考・判断・表現、【主】…主体的に学習に取り組む態度。◎は記録に残す評価、○は形成的評価。

3	 15 20 50	1．前時の情報をもとに、登場人物／場面／出来事／話の終わり方／語り手を決定する。（15分） 2．「スライド構成シート」を使って内容の割り振りを行い、各自の担当ページを決める。（5分） 3．「自分の分担ページの内容と、本文のエッセンスとの関係」を整理し、分担ページの文章を手書きで作成してから、スライドに入力する。（30分）	3．【読◎】自分の担当ページの文章と物語のエッセンスとの関係を理解して、物語化ができている。→ワークシート
4	 30 50	1．分担ページの作成の続き。全員が完成後、班全体のバランスを見て、表現を調整したり、ストーリーを書き直したりする。（30分） 2．発表の際、朗読する部分の分担（自分が作成した部分を読むのか、登場人物で割り振るのか等）を決定し、発表の練習をする。（20分）	1．【主○】よりよい表現を目指して試行錯誤している→観察
5	 35 40 50	1．班ごとに発表する。（35分） （準備5分、発表3分×8班 適宜質疑応答、コメント含） 2．発表を聞いて感じたこと、考えたことをペアで共有する。（5分） 3．振り返りの記入。（10分） ・「文章を物語にするために、どのような資料を参考にし、どのような工夫をしましたか。」 ・「この活動を通して、どのような学びを得たと感じましたか。」	3．【主◎】学びの内容を認識し、作品の完成に向けて、さまざまな方法を試して工夫している。→振り返り

○支援の詳細

ｉ　下ごしらえ――指導者による実践

指導者自身が、これまでに授業で扱った論理的な文章などを材料に、物語を作ってみます。これは生徒に示す「モデル」になると同時に、生徒にどのような支援が必要かを考える材料にもなります。

書き換えの例として、丸山真男「『である』ことと『する』こと」[1]の物語化を紹介します。「『である』ことと『する』こと」は、高校の国語教科書に長く収録されている文章で、政治や仕事などの実際のはたらきで評価される「すること」と、学問や芸術などのそれ自体に価値がある「である」ことが転倒しがちな社会を批判する内容です。そのエッセンスを、小学校の委員ぎめの物語に書き換えました。

●書き換えの例　（丸山真男「『である』ことと『する』こと」の物語化）

きょうは、新しいクラスでの委員ぎめ。本がすきなぼくは、図書委員になりたいな。

「図書委員になりたい人。」「はい。」りっこうほしたのはぼくだけだ。だから、ぼくは図書委員になれた。よかったな。

「運動委員になりたい人。」運動委員は男子一人、女子一人。男子が二人りっこうほした。

一人は去年もぼくと同じクラスだった、たけるくん。もう一人は、去年ちがうクラスだった、あつしくん。

たけるくんは足がすごく速い。動きや話し方もきびきびしていて、かっこいい。だから運動委員にぴったりだってぼくは思う。

あつしくんは、もっとおっとりした感じ。あんまり運動委員っていう感じじゃない気がする。

「たけるくんは足が速いから、運動委員に向いていると思います。」ゆうかちゃんが発言した。去年同じクラスの子だ。何人かの子たちも「そう思います。」「さんせいです。」と言っている。

すると、「足が速いのと運動委員はかんけいないと思います。」と言った子がいた。あつしくんと同じクラスだった、りこちゃんだ。

「運動委員は、みんなで運動するときのお世話係です。あつしくんは、去年クラスでソフトボール大会をするときに、ソフトボールが上手な子と、そうでない子をうまく組んでグループにしてくれました。それから、大会をする前に、うまい子が、苦手な子にバットのかまえ方やボールのつかみ方を教えてくれる練習会を三回やってくれました。わたしは、それで、バットにボールが当てられるようになって、ソフトボールがとても楽しくなりました。だから、運動委員は、足が速いとかじゃなくて、実さいに運動委員としてどういうはたらきをするか、ということで決めたらいいと思います。」

それを聞いて、みんなあつしくんに感心して、運動委員は、あつしくんに決まった。

運動委員は、足が速いことよりも、委員としての実さいのはたらきが大切。

ぼくも、図書委員として、本がすきなだけじゃだめなんだ。ぼくは気がついた。

だからぼくは、みんなに本のしょうかいをがんばることにした。

今クラスでは「名たんてい」のえいがの話をよくしているから、ぼくは図書館にある「たんてい」かんけいの本を、どんどんかりて読んで、おすすめポイントをプリントにしてしょうかいすることにした。みんな、ぼくのすすめる「たんてい」の本にすごくきょうみをもって、本をかりてくれる。

図書室の先生が、ぼくにこう言った、

「君のクラスの子がたくさん本をかりてくれるよ。きみのおかげだね。」

「ありがとうございます。もっとたくさん、たんていの本を読んで教えなきゃって思うんだけど、なんだかもうぼくは、ほかの本が読みたくなっているんです。でもそれは図書委員としての仕事に役に立たないからよくないですよね。」ぼくは言った。

図書室の先生はにっこりして、

「委員は、人のために何かをしたけっかが大切だけど、本を読むことは、そのことじたいにかちがあるの。だから、委員の仕事の役に立つ本ばかりを読むというのはおすすめしないわ。いろいろな本を読んで、考えると、それがきみの頭のえいようになるの。それは、すぐには役に立たなくても、よいことなのよ。」

すぐに役立たないといけないことと、すぐに役立たなくてよいこと。委員と読書はちがうんだな。ぼくは委員の仕事もがんばるけれど、すきなように本を読むことにした。図書室の先生が言ったことは、丸山真男っていう人の本に書いてあるんだって。ぼくはいつか、そんなむずかしい本も読めるように、頭のえいようをつけることにした。

ii 単元のねらいの説明例（口頭）

論理的文章を「理解できた」というのは、どういう状態のことを言うと思いますか？

1分間、隣の人と話してみてください。

（生徒の発言を拾って共有し、「自分の言葉で説明できる」「具体例があげられる」等を押さえる）

今回の単元では、読んだ文章を、子供向けの物語に書き換えます。

アインシュタインの言葉に、「すべての物理学の理論は、数式は別にしても、『子どもでさえも理解できるように』簡単に説明すべきである。」[2]というものがあります。物理学の理論を子どもにもわかるように説明できる人は、本当にその理論を理解しているといえますよね。

論理的文章も、その言わんとするところを子どもにも理解できるように説明できたら、その文章を本当に理解できたということになると思います。

そこで、みなさんも、これから読む論理的な文章を、小学校四年生、十歳の子どもにもわかるような子ども向けの物語にしてもらいます。それを目指して、まずは文章をよく読み、理解を深めましょう。

ⅲ　基本的な読解の支援

まず、書き換え元の文章の基本的な読解を支援します。その際注意したいことは、筆者の主張を勘違いしたまま書き換えの作業に進んでしまわないようにすることです。そこで、筆者の主張の方向性（たとえば「筆者は○○に賛成の立場か、反対の立場か」等）に関する発問を用意して、次のような手順で理解を促します。

・問題提起、筆者の主張、根拠などに気をつけて、書き込みをしながら個人で文章を読む。
・書き込みを見せ合いながら、ペアで本文の要旨を共有する。
・ワークシート冊子に載せられている「本文理解のための設問」について、三～四人のグループで話し合う。→教師による各班の話合い内容の紹介および読み取るべき基本事項の共有。

ⅳ　作成条件と活動手順（ワークシート冊子⑤の内容）

【課題】この文章のエッセンス（真髄、もっとも大切な要素）を、小学校四年生以上を対象とした物語に書き換えなさい。

条件
・物語の文章を、一〇～一六枚のスライドで作成する。（グループ活動）
・物語を読んだ人に、もとの文章が伝えている主張が、具体的なイメージとともに伝わるようにすること。

・主張の強さの度合い（「読者の行動を変えたい」から「読者に考えるきっかけを与える」までのグラデーションの中のどのあたりか）を見極めて、物語も、それに合うニュアンスで作成すること。

・小学校三年生までに習わない漢字や、難解すぎる語彙は使用しないこと。表記をすべてひらがなにしてもよいし、インターネット上の「漢字チェッカー」等のサイトで、小学校三年までに習う漢字かを調べて用いてもよい。

・「物語の文体例」を参考にして、地の文の文体を班で統一すること。また、登場人物の口調や一人称を表す語（「わし」「わたし」「ぼく」等）も決めておくこと。

手順

①グループ内で、文章のエッセンスをつかむための話し合いをし、物語の中で必ず伝えなければならない内容を確認する。その際、次の二点については必ず検討すること。

・筆者が最も伝えたいのは、どのようなことか。

・筆者の主張の強さは、「読者の行動を変えたい」から「読者に考えるきっかけを与える」までのグラデーションの中のどのあたりか。

②本冊子の「資料」を参考にしたり、インターネットによる検索を行ったり、身の回りから、本文の主張に当てはまる例を探したりして、具体化のためのヒントを探る。資料の○○番を読む、○○についてインターネット検索をする、など、役割を分担し、十分程度行う。

③一人ずつ資料の概要や、物語の内容に生かすアイデアを説明する。その内容は本冊子の「班員から出たアイデア」欄にメモしておく。
④「決定事項」の項目に沿って、物語のおおまかな内容を決める。
⑤本冊子の「スライド構成シート」を使い、各自が担当するページを決める。
⑥本冊子の「自分が担当するページと本文のエッセンスとの関係」に、自分が書く部分の内容が、本文のエッセンスとどう関係しているかを整理してから、担当ページの文章を書く。
⑦プレゼーションソフトを使って、書いた文章を、班で共有したスライドに入力する。
⑧それぞれのスライドが出来上がったら、全体のバランスを見て表現を調整する。時間に余裕があればイラストなどを挿入してもよいが、文章を作ることを優先とする。

V 関連資料について

学習者が文章のエッセンスを具体化するにあたって、資料を与えた方が効果的であると考えた場合には、ワークシート冊子に関連資料を載せます。筆者は、ファースト・フードの普及による都市市民の行動の変化を論じた文章を教材に使った際に、グローバリゼーションと食を考える資料として、次のようなものを載せました。

・「どこも同じような街に」（大学教授の講義記録[3]）

・「一家団欒に対する意識と実態調査」（象印マホービンによる調査[4]）
・「手作りの郷土料理をめしあがれ　南川小5年生」（タウン紙記事[5]）

ⅵ　子供向けの本の文体例について

子ども向けの物語の文体をどのようにするかを考えるヒントになるように、ワークシート冊子に、いくつかの文体例を載せます。たとえば、語り手が一人称視点のもの（例　ヨシタケシンスケ『もうぬげない[6]』）三人称全知視点で、すべての登場人物（動物）の内心を語るもの（例　かこさとし『こまったたこぐま　こまったりす[7]』）などです。

ⅶ　話合いと決定事項（ワークシート冊子⑧の内容）

◆班員から出たアイデア
（記述スペース　10行程度）
◆決定事項
登場人物（　　　　　　　　　　）
場面（　　　　　　　　　　）
出来事（　　　　　　　　　　）
語り手や文体（　　　　　　　　　　）

話の終わり方（　　）
その他の確認事項（　　）

viii 自分の分担ページの内容と、本文のエッセンスとの関係（ワークシート冊子⑩の内容）

・あなたの担当ページの内容は、本文のエッセンスとどのように関係していますか。
（記述スペース　2～3行）
・あなたの担当ページの文章
（記述スペース　20行程度）

ix 生徒作品例

次ページの作品は、多木浩二「世界中がハンバーガー」[8]をもとに作られたものです。元の文章は、ファースト・フードの普及による、家族の希薄化、生活の多様化などの人間の行動パターンの変化を分析し、ファースト・フードが人々を都市の遊民としていることを指摘しています。生徒作品では、ファースト・フードを普及させたグローバリズムを、「たき」（作者名「多木浩二」のアレンジ）という名の「かみさま」の行動になぞらえ、読者に「たき」の視点で「ハンバーガー」によるまちや人の変化の是非を考えさせる内容になっています。最後のスライド「今のまちは、たきのすきなまちか？」という言葉は、グローバリゼーションについて考えるきっかけを与えるという、もとの文章のニュアンスに近いものになっています。

●生徒作品例

第一話　しんげきのハンバーガー

たき君は６７さいのかみさま。
ぱぱがたんじょうびにくれた
まちをみています。

ともだちがおいしいっていってた
「ハンバーガー」
まちにあげたいなぁ

たき君はなやんでいます

「ハンバーガー」はつくるのがかんたん。
だから、つくる人はおしごとがへるし
食べる人はすぐに食べられる。

こう思い、たき君は「ハンバーガー」を
よぶことにしました。
みんなおんなじからだの
おいしいおいしいハンバーガー

第二話　とうらい

ハンバーガーがやってきた。
ハンバーガー「やぁ」

第三話　うけいれ

まちのみんなはとても
よろこんでくれました。
はじめてのハンバーガーを食べてみよう
とマークには長い長い列ができました。
たき君もうれしくなりました。

第四話　いへん

たき君はある家族を見てました。
ママ「今日のよる何たべたい？」
子「いや、友達とマークで
　　食べるからいい」

～別の日～
子「いや、友達とマークで
　　食べるからいい」

ハンバーガーをいれた
ともだちのまちも見たけど
ぼくのまちとおんなじ見た目だった
いつのまにか
みんなおなじ見た目のまち

ぼくのお気に入りのそば屋は
マークのせいでつぶれた

たきくんのぱぱいわく
「まちが大きくなってるみたいだな
あぁ。。ハンバーガーか、
うーん」

第五話 あのひと

たきくんが
おきにいりのそば屋の
「みつは」さん
いまどうしてるかな

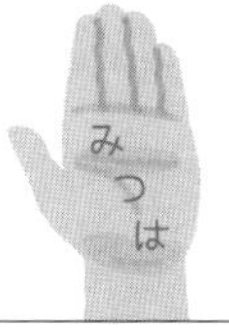

「たき―。」
ぱぱは続けて言った

子どもたちいわく
「みつはさんならマークにいるよ」
いまはマークのかんばんむすめ
そば屋はやめちゃったみたい
ちょっとさびしいな

今のまちは
たきのすきなまちか？

第六話　みんなえがお？

たき君は考えていました。
ハンバーガーが入ってきて
いいこともあったけど
よくないこともあったな ―――

○ここで、これを評価する（形成的評価は省略　レシピ表内の記述参照）

・「自分の分担ページの内容と、本文のエッセンスとの関係」記録に残す評価【読むこと】

「本文のエッセンスとの関係」から、文章の抽象的な概念が理解されていることを、「自分の分担ページ」の文章から、エッセンスが物語の形で具体的に言語化されていることを見取ります。

・「振り返り」記録に残す評価【主体的に学習に取り組む態度】

「文章を物語にするために、どのような資料を参考にし、どのような工夫をしましたか。」

「この活動を通して、どのような学びを得たと感じましたか。」

以上二項目の記述を通して、作品の完成に向けて、さまざまな方法を試して工夫している様子と、自らが活動によって何を学ぶかを認識して、学びに向かっている姿を見取ります。

2【甘口のレシピ】論理的文章を、「博士とぼく（わたし）の物語」に書き換える（2時間）

「基本のレシピ」は、論理的な文章をもとに一から登場人物やストーリーを考えるという点で、やや難度の高い活動です。「甘口のレシピ」では、物語の枠組みを、「博士」（先生、研究員などでも可）が聞かせてくれた話をもとに、「ぼく」（わたし）が考える、という形に固定することで、辛さをおさえました。

「博士とぼく（わたし）の物語」とは、例えば次のようなものです。

やあ、こんにちは！　わたしは、ネコ博士《はかせ》。きみたちは、科学がとても身近なものだということを、知っているかな？　ちょっと外へ出て、まわりを見てごらん。風が木をゆらしたり、太陽が明るくかがやいていたり、車が走っていたりするね。ごはんを食べれば、きみたちは、元気にあそぶことができる。これはどれも、科学とかかわりがあるんだ。

世界の成り立ちを説明する、科学の法則（自然のきまりごと）にはどんなものがあるか、知りたくないかい？　さあ、ページをめくって、わたしといっしょに、科学の世界をのぞいてみよう！

（ドミニク・ウォーリマン『ネコ博士が語る 科学のふしぎ』[9]）

この枠組みを使うと、論理的な文章を、博士が子どもに向けて話すセリフに変えるという作業を通して、内容をかみ砕く学習ができます。また、その話を聞いた「ぼく」（わたし）の言葉を考えることで、自分のことばによる理解を促すことができます。

次に示す「作成条件と活動手順」では、読み深めのための話し合いをグループで行い、物語の作成は個人で行うことを想定していますが、もちろん物語をグループ活動で作っても構いません。話合いだけをグループで行い、成果物の作成を個人で行う方法は、欠席する生徒がやや多めの学校で、生徒の進度に合わせた学習をさせたいときに適しています。

○支援の手順

単元のねらいの説明、基本的な読解の支援、ワークシート冊子の構成、評価などは「基本のレシピ」と同様です。

i　作成条件と活動手順（ワークシート冊子⑤の内容）

【課題】この文章の内容を、子ども向けの物語に書き換えなさい。（個人活動）

条件

・本文に書かれている内容を「はかせ」（先生、研究員などでも可）が子どもに説明する物語として書き換える。「ネコはかせ」、「くも先生」など人間以外をはかせにしてもよい。

・子どもに難しそうな表現は、わかりやすく言い換える。

・はかせの話を聞いた子どもが、生物についての話を、人間に応用して考える場面をつけ加える。

手順

①「構成シート」を使って、次のように物語の構成を考える。

・はじめ　「はかせ」と「ぼく（わたし）」の出会い

・なか　「はかせ」が教えてくれたこと（文章の内容をわかりやすく）

・おわり　「ぼく（わたし、○○ちゃん）」が考えたこと

②「はかせ」や「ぼく（わたし、○○ちゃん）」がどのような話し方をするかを決める。

例　「エヘン、わしはいきものはかせじゃ」　「わたしはネコはかせだにゃー」

③「物語シート」に物語を書く。
字はすべてひらがなにするか、小学校三年生までに習わない漢字をひらがなにすること。インターネット上の「漢字チェッカー」などを使うと、何年で習う漢字か調べられる。
④話が書けたら、「入力フォーム」に物語を入力して提出する。（まとめて文集にします）。
⑤自分の物語を発表するための朗読練習を行う。

ii 生徒作品のイメージ（筆者による創作）

次の書き換え例は、稲垣栄洋「ナンバーワンか、オンリーワンか」をもとに筆者が作ったものです。元の文章は、一つの環境でゾウリムシを飼うと、強い種類のゾウリムシしか生き残らないが、棲む場所と餌が異なれば、両種が共存できるということを通して、すべての生物はナンバーワンになれる場所を持つオンリーワンであることを述べています。書かれていることは、生物全般における話ですが、人間世界での「ナンバーワン」「オンリーワン」に思いを馳せさせる文章です。よって、学習者に、人間世界に発展させた読みを「ぼく（わたし）が考えたこと」としてつけ加えさせることで、具体的で、身体的な理解を促すことができると考えます。

題「ナンバーワンか、オンリーワンか」
みーちゃんは、植物園に来ました。いろんな花がきれいにさいています。

「ナンバーワンにならなーくてもいいー。もーともとーくべつなオンリーワン♪」音楽の時間に習った歌が思わず口に出ました。

「ほんとうにナンバーワンにならなくてもいいのかにゃ。」

「ええーー！　だれ？」ふり返ると、なんと、白いひげを生やしたネコが、話しかけているのでした。

「わたしはこの植物園でつとめているネコはかせだにゃー。実は、生物の世界では、ナンバーワンしか生きられないのにゃ。」

「ええっ　そうなの？」みーちゃんはおどろきました。

「こういう実けんがあるのにゃ。一つの水そうに、ゾウリムシとヒメゾウリムシのむれを入れると、強い方しか生きのこらないのにゃ。」

「ゾウリムシってなーに？」

「小さい小さい虫のことにゃ。びせいぶつというのにゃ。」

「なにそれ！　しらなーい。でも、みーちゃんの家の水そうには、金魚とどじょうとタニシがいるよ。みんなちゃんと生きてるよ。」

「ぎょぎょっ！　みーちゃんはよく知ってるにゃー！」ネコはかせはびっくりしたようでした。

「実は、すむ場所とえさがちがう生物どうしだと、両方生きのびるのにゃ。」

「すむばしょって、同じ水そうでしょ？」みーちゃんは言いました。

「水そうの、上の方とか、下の方とか、石の下とか、すきな場所がちがうのにゃ。」

「そういえばどじょうはよくじゃりの中にもぐっているよ。」

「だから、同じ水そうの中でも、すきな場所やえさがちがえば、きそい合わずに生きていけるのにゃ。それは、それぞれの場所のなかでのナンバーワンだからなのにゃ。そして、その生物が生きられる場所は、他とは重ならないオンリーワンなのにゃ。そして、コホン、わたしは、ネコ界でオンリーワンのはかせなのにゃ。」はかせはちょっとむねをはって言いました。

「ふーん。」みーちゃんは考えました。

「わたしは、クラスの中で一番小さくて、走るのも一番おそい。だけど、みんなが歌う声に合わせてピアノでばんそうすることは一番うまい。ほかにも、わたしがナンバーワンになれる場所はあるかな。それをこれからさがしたいな。」

みーちゃんのまわりで、色々な花が、風にふかれて、ゆらゆらとゆれています。

☑「物語に書き換える」言語活動のポイント

1 論理的な文章を物語に変えることで、具体的・身体的な理解を促す。
2 筆者の主張を十分理解させた上で、物語化の作業に入らせる。
3 学習者の特性によって、枠を設けるなど「物語化」のハードルを調整する。

1　一九五九年一月九日～十二日『毎日新聞』に掲載、のち丸山真男『日本の思想』（岩波新書　一九六一年）に所収。教科書によって、収録されている箇所に若干違いがある。
2　ジェリー・メイヤー&ジョン・P・ホームズ編『アインシュタイン150の言葉』ディスカバー21　一九九七年　六四頁。
3　株式会社フロムページ「夢ナビ」横浜国立大学　三浦 倫平先生の講義紹介文章より。https://yumenavi.info/vue/lecture.html?gnkcd=g010121
4　象印マホービン「一家団欒に対する意識と実態調査」二〇一八年。https://www.zojirushi.co.jp/topics/assets/pdf/2018/2018_4.pdf
5　「上越妙高タウン情報」二〇二〇年二月六日　https://www.joetsu.ne.jp/104271/20
6　ヨシタケシンスケ『もう　ぬげない』ブロンズ新社　二〇一五年。
7　かこさとし『こまったこぐま　こまったりす』白泉社　二〇一七年。
8　明治書院『精選　現代の国語』教材（出典『都市の政治学』岩波書店、一九九四年）。
9　ドミニク・ウォーリマン著　田中薫子訳『ネコ博士が語る 科学のふしぎ』徳間書店　二〇一七年。
10　大修館書店『新編現代の国語』教材（出典『雑草はなぜそこに生えているのか』ちくまプリマー新書　二〇一八年）。

7　読書習慣のためのレシピ

読書のためのツール「ミニ本」と、読書の原動力となるブックトーク

「学校読書調査」（全国学校図書館協議会）によると、二〇二三年五月の一か月間に、一冊も本を読んでいない児童生徒の割合は、小学生が七・〇%、中学生は一三・一%で、高校生は四三・五%だそうです。[1] 小学校→中学校→高等学校と進むにつれて本を読まなくなるこの流れに揺さぶりをかけるために、高等学校の教員は何ができるでしょうか。

本節では、生徒の読書習慣を支援するアイデアを三つ紹介します。一つは、「ミニ本」をつくりながら読む、という読書のためのツールの紹介です。続く二つは、読書の原動力となるブックトークの二つの実践をもとにしたレシピです。二つの実践は、異なる学校で行われたもので、一つは、本を読んでくることを夏休みの宿題とする「背伸び読書」のレシピで、もう一つは、授業中に読書の時間を確保する「三十人の読み比べ」のレシピです。

身につけさせたい力――「読むこと」考えの形成・共有

本節で紹介するツールやレシピによって学習者に期待することは、読書の意義と効用について理解を深めること、そして、読書によってものの見方、考え方、感じ方を深めることです。

B 「読むこと」をより効果的に行うツールとしての「書く」活動

1【ツール】ミニ本をつくりながら読む

国語の授業では、文章に書き込みをしながら読むことがよく行われますが、図書館で借りた本には書き込みはできませんし、自分で買った本であっても、書き込みをしながら読む方法が一般的というわけではありません。書き込みをする代わりに、気になった部分に付箋紙を貼るという方法も考えられますが、糊で本が傷んだり、付箋をはがすときに活字が剝がれてしまったりすることがあるため、図書館では「本に付箋を貼らないで」と注意を喚起しています。[2] それに後から読み返すと、なぜそこに付箋を貼ったのかわからなくなる場合も少なくありません。

そこで、大人になってからも使える「読むためのツール」として、筆者が試行錯誤してたどり着いたのが、「ミニ本」をつくりながら読む方法です。

i ミニ本の手引き

・本を読み始めるときに、A4の用紙を二つに切り、それを二つに折ったものを何枚か重ねて本のような形にして本に挟む（だいたい十六頁くらいあれば用が足りる。足りなくなったら二冊目を挟んでもよい）。

・じっくり一冊を読もうとする場合には、内容のまとまり（章や節、あるいは自分でひとくぎりと考えたところ）が読み終わったところで、そこまでの小さな要約を書いてから、先に進むようにする。

・何かを調べるために拾い読みをする場合には、必要な部分だけ書き写したり、要約したりする。

・気になった内容や表現があれば、そのつどページ番号とともに書き写しておく（あるいはその内容を要約する）。本文をそのまま写したのか、自分で要約したのかが区別できるように色分けしておくとよい。

・読んでいて思いついたこと、考えたことなどもメモしておく。感想が書きたくなったら、そのつど書いておく（読了してから感想、と思わなくてよい）。そのとき、「！」などの記号を前につけておくと、本の内容と区別できる。

・長めの小説などを読むときも、内容のまとまりごとに、自分なりの「ここまでのあらすじ」を書いておくと、次に読むときにスムーズに読み進められる。また、クライマックスにさしかかるあたりで一度本を閉じ、「これからどうなるか」を書いてみるのも面白い。

ii ミニ本の効用

ミニ本のよいところは、読書の成果物が、本を読み終わった時点で出来上がっていることです。読書を励行させるための課題として、「読書感想文」がありますが、これは読み終わった後に、もう一仕事が加わるので、「読書」そのものをどんどん進めていきたい生徒にとっては足かせになる可能性があります。しかし、「ミニ本」を課題にすれば、学習者は、一冊の本を読んだあと、すぐにまた次の本を読み始めることができます。後にブックトーク等を行う際も、「ミニ本」をもとにアレンジすれば、資料作りは容易です。

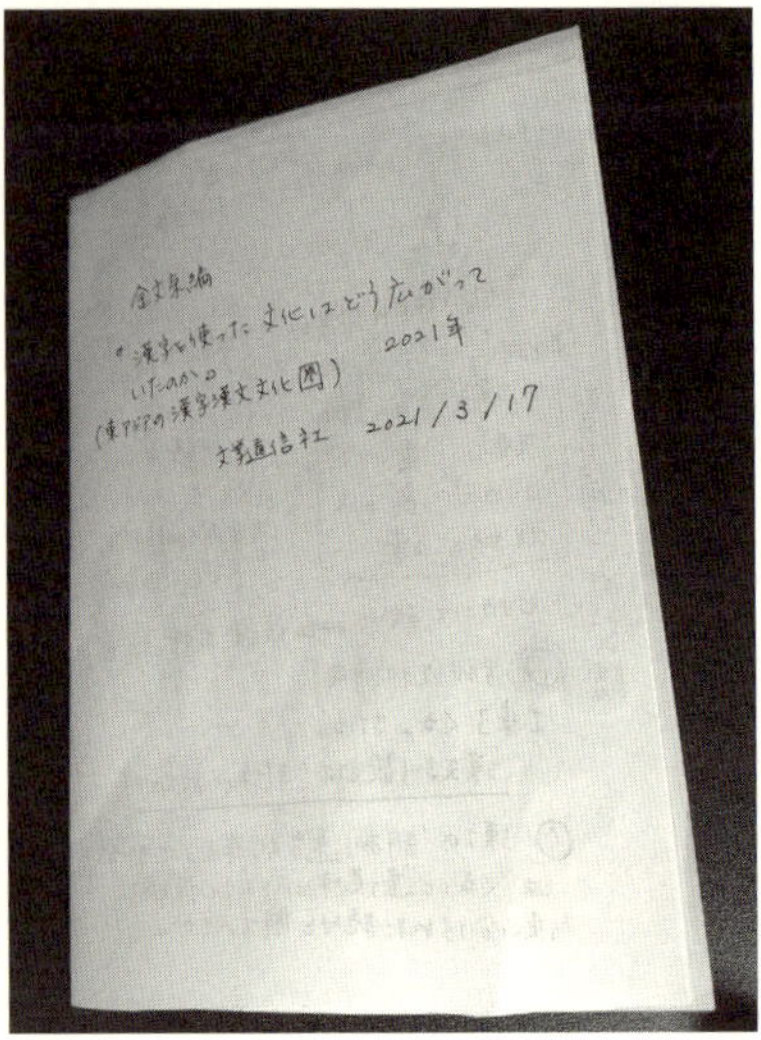

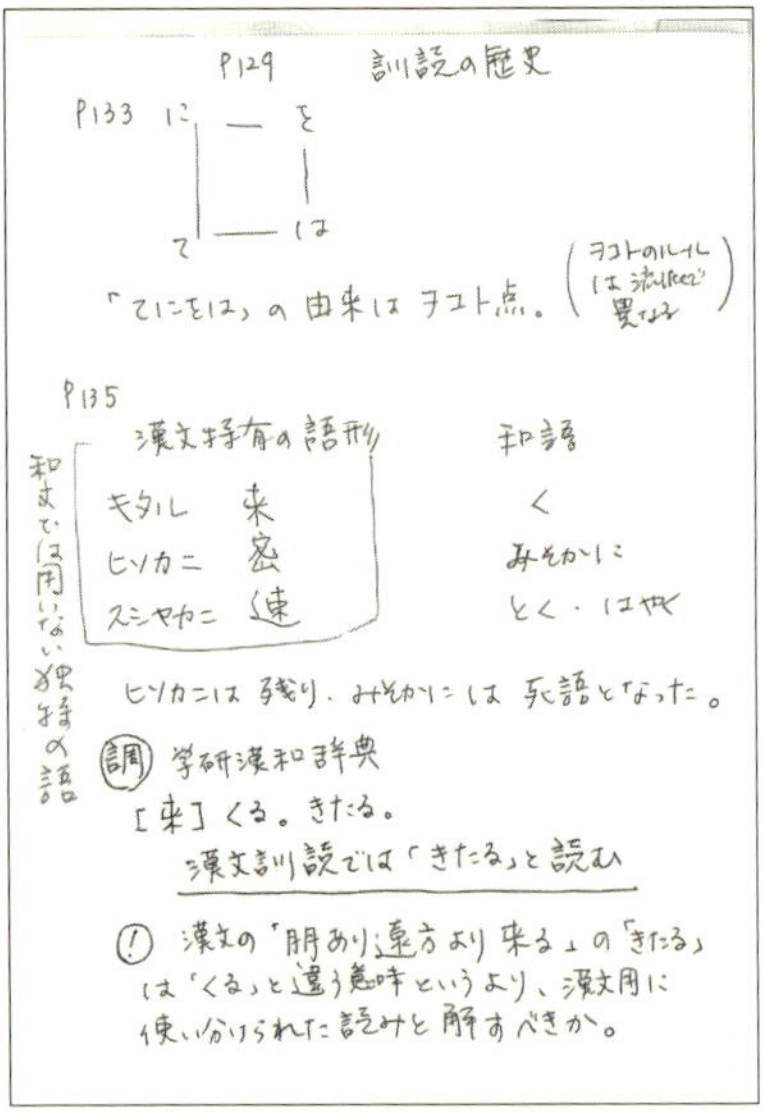

ミニ本表紙（上）とその中身（下）

また、「ミニ本」は読むためのツールとしてだけでなく、後になって「あれはどこに書いてあったっけ?」と確かめたいときにも役立ちます。図書館などで借りた本の「ミニ本」を取っておけるのも大きなメリットです。筆者は、借りた本のミニ本は整理して箱に入れ、蔵書のミニ本は、本の最初の頁に挟んでいます。

② 【基本のレシピ】「背伸び読書」を語る(中辛・宿題を除いて1・5時間)

C「読むこと」を学ぶ原動力としての「話す・聞く」活動

「『背伸び読書』を語る」は、自分の読書傾向を分析した上で、少し「背伸び」した本を選んで読み、ブックトークを行う活動です。ただ本を読むだけではなく、読書傾向の分析が入ることと、課外に「本を読んで来る」という活動を含むことから「中辛」としました。

○用意するもの(詳細は後述)

・ワークシート

① 「背伸び読書」のススメ

② 背伸び読書提出シート

③ コメントカード

● 【基本のレシピ】「背伸び読書」を語る（1.5 時間：課外含まず）

時	分	学習活動	支援・評価規準
1	 5 15 20	1．単元のねらい「読書の意義を知ること、読書によって心の世界を広げたり深めたりすること」を理解する。（5分） 2．これまでの自分の読書生活を振り返る。（10分） 3．「『背伸び読書』のススメ」を読み、課題「今まで自分が読んできた本よりも、少し背伸びした本を読んでくる」とその条件を理解する。（5分） （授業時間のうち20分を使用）	1．【知○】読書の意義を理解している。 2．【主◎】自らの読書生活を振り返り、より良いものにしようとしている。→ワークシート
課外		1．読書および読書記録の作成 （授業時間外、休業期間中の宿題）	1．【読◎】読んだ本の内容や解釈を踏まえて、自分の考えを深めている。→ワークシート
2	 5 10 46 50	1．ブックトークの方法を理解する。（5分） 2．グループ分け、準備。（5分） 3．4人グループで「背伸び読書」についてのブックトークをする。（9分×4回：36分） 4．背伸び読書シート、コメントカードの回収、まとめ。（4分）	4．コメントカードに書いたコメントは次の時間に当該生徒に渡す。

※【知】…知識・技能、【話／書／読】…思考・判断・表現、【主】…主体的に学習に取り組む態度。◎は記録に残す評価、○は形成的評価。

○支援の詳細

i　下ごしらえ――「『背伸び読書』のススメ」の作成

授業に先立って、まず指導者自身が「背伸び読書」について考え、学習者の育ちの姿をイメージします。筆者は、学年の国語担当教員三名で「『背伸び読書』のススメ」（ワークシート①）を作成し、配布しました。ここに紹介した本そのものを読んだ生徒は一割程度でしたが、生徒の多くは、選書方法のモデルとしてこの案内を参考にしていました。

●「『背伸び読書』のススメ」（抜粋）

今まで自分が読んできた本よりも、少し背伸びした本を読んでみましょう。

▼読書らしい読書をしていない人へ

まずは読書の習慣をつけるために、読みやすい文体で、なおかつ「読んでよかった」と思うような本を読みましょう。

お勧め本　辻村深月『かがみの孤城』（ポプラ社、二〇一七年）

前野隆司『脳はなぜ「心」を作ったのか』（ちくま文庫、二〇一〇年）

＊二冊とも読みやすく、かつ、驚きにあふれる読後感が得られると思います。

▼有村浩、伊坂幸太郎、東野圭吾などを読んでいる人へ

現代の人気作家の作品から、少し前の文学へ背伸びしてみるのもよいと思います。

東野圭吾『容疑者Xへの献身』（文春文庫　二〇〇八年）→福永武彦『草の花』（新潮文庫、一九五四年）
＊『容疑者Xへの献身』に切なさを感じた人は、きっと『草の花』の世界の苦しく、しかし、白い光に満ちた世界が好きになると思います。
▼評論、ノンフィクションをよく読む人へ
入門書からやや専門性の高い本へ背伸びするのもお勧めです。

コリン・ジョイス『「ニッポン社会」入門』（NHK出版　二〇〇六年）→見田宗介『現代社会はどこに向かうか』（岩波新書　二〇一八年）
＊前者は楽しく読める社会学の入門書、後者は東大名誉教授による斬新な理論と徹底分析です。
〈H先生　お勧めの本〉
川端康成「寒風」（『非常／寒風／雪国抄』講談社文芸文庫、二〇一五年）
川端にとって夭逝したハンセン病作家北条民雄の存在は、小さいものでは無かったということをこの作品で知ります。実は、作品そのものの良さに惹かれることもありますが、人としてその素朴な横顔が見えたとき、もっと好きになります。うろたえている川端が見える、答えを出せない川端が居る、そんな風に感じます。

ii 単元のねらいの説明例（口頭）

「学校読書調査」によると、日本の児童生徒は、小学校、中学校、高等学校と進むにつれて、本を読まなくなっていくそうです。皆さんには心当たりはありますか？

高校に入学して、課題や小テストが多く、大変だと思います。でも、だからといって、自主的に本を読む習慣をなくしてしまったら、「テストはできるが、教養のない人間」になってしまうのではないでしょうか。

それに、読書は、学力にも関係します。

今まで、この授業で皆さんが提出するプリントに、時々「今読んでいる本、最近読み終わった本を書いてください」という欄があったと思います。私はみなさんの回答を四か月分集計し、読んだ本の冊数と模擬試験の点数の相関を調べました。その結果、ご覧のように、本を読む生徒ほど模試の国語の点数が高いことが分かりました（次ページの表を投影する）。

とはいえ、いつも同じような本ばかり読んでいても、効果は限定的だと思います。今まで読んだことのなかった分野の本に手をのばしたり、いつもよりも少し難しい本にチャレンジしたりすることで、人の知の世界は広がり、深まっていきます。だから、自分の今までの読書生活を振り返り、冬休みには、今までよりも少し「背伸び」した本を読んできてください。

ⅲ 読書の効用のエビデンスを示す

国語の教員の多くは、読書量の多さが国語力に関係すると考えているのではないかと思います。筆者は、それをデータをもとに生徒に説明したいと考えました。そこで、二〇一九年に、勤務校である横浜翠嵐高校の一年三組・一年五組の生徒を対象に読書習慣と模擬試験の得点率の関係を調査しました。読書習慣の調査は、五月、六月、九月、十月に一回ずつ、授業プリントの左端に「今読んでいる本、あるいは最近読み終わった本を書いてください」という欄を設けることで行いました。同じ本は一回だけ数えることとして、四回の調査で書かれた冊数を集計しました。一方、模擬試験については、進研記述模試七月と十一月の二回分のデータを使い、「論理的文章」と「文学的文章」それぞれの二回分の得点率の平均を使用しました。その結果を整理したものが次の表です。

四回の調査で答えた冊数	五冊以上（一一名）	二〜四冊（四七名）	〇〜一冊（一六名）
論理的文章得点率平均	七七・五	七五・三	七二・〇
文学的文章得点率平均	七一・一	六九・六	六七・五

四回の調査で回答された合計冊数をもとに、生徒を「読書習慣がある生徒」（五冊以上を回答）、「やや読書習慣のある生徒」（二〜四冊）、「ほとんど読書習慣のない生徒」（〇〜一冊）という三つのブロックに分けると、文学的文章、論理的文章ともに、読書習慣がある生徒の得点率が高い結果になりまし

た。正直なところ、これほどわかりやすい表が作れるとは思っていなかったので、自分で計算結果を見て驚きました。

読書習慣があるから国語の点数が高いのか、それとも国語が得意だから、読書が進むのか、この調査からは、その因果関係の方向は明らかではありません。しかし、いずれにせよ、このデータは「勉強が忙しくて読書する暇がない」と思っている生徒を読書に誘い込むためのエビデンスとなります。

ⅳ　読書生活を振り返らせる

次のような「背伸び読書提出シート」(ワークシート②)に沿って進めていきます。

1　今まで自分で読んだ本(「授業で習った」「模試に出た」等を除く)の中で、印象に残っているものを書いてみてください(いくつでも構いません)。
〇小説・物語では？
〇小説以外では？
2　自分の今までの読書を振り返って、どう感じましたか？
3　いままで読んできた本より背伸びした本を読む。(書誌情報・選んだ理由・読んでみた感想)

背伸び読書　提出シート

1年

1．これまでの自分の読書をふり返ろう。

今まで自分で読んだ本（「授業で習った」「模試に出た」等を除く）の中で、印象に残っているものを書いてみてください。（いくつでも構いません）

○小説・物語では？

カラフル／サラバ／生きるぼくら／青の数学

○小説以外では？

なぜゴッホは貧乏でピカソは金持ちだったのか

2．自分の今までの読書をふり返って、どう感じましたか。

親や学校に言われて読書を始めるような受動的な読書が多いと感じた。また、小説以外にほとんど本を読んでいないと気付いた。

3．今まで読んできた本よりも、「背伸び」した本を読む。

題名：医の現在

著者：高久史麿

出版社：岩波新書　　発行年：1999年

この本を選んだ理由（背伸びポイント）

医療という複雑な分野に加えて、論説なので、より読書の幅が広がり、読書力が向上すると考えたから。また、自分の将来の夢につながると考えたから。

読んでみた感想

この本は大きく「疾病の種類と詳細」、「医療と社会のかかわり」、「医師による医療の課題についての対談」の3つに分かれていた。僕が特に強い印象を受けたのは「医療と社会のかかわり」の章で、1999年出版なのにも関わらず“地域医療の格差”や“高齢化問題”などといった現在でも課題となっている事について取り上げていた。そして、それらがいかに深刻な問題なのか知ることができ、医療についての関心をより持つことができた。

今回の読書テーマは“背伸び”だったが、その言葉に合うような本を選択でき、何度も読み返しながらも読破することができ、よかった。この本は将来の夢を叶えるための一道具として活用していきたい。

1月最初の現代文の時間に提出してください。

背伸び読書提出シート（生徒記入例）

v ブックトークの支援

「背伸び読書提出シート」をもとに、次のような手順でブックトークを行います。

●発表の手順（一人につき9分×4サイクル）
①（発表者）これまでの自分の読書経験について話す。（1分）
②（他のメンバー）発表者がどのような背伸び読書をしたかを予想して話す。（2分）
③（発表者）背伸び読書の概要と感想を発表する。（3分）
④（他のメンバー）発表者に対してコメントを書く。その際「発表者は背伸び読書によってどう成長したか」を考え、その内容をコメントに加える。（3分）

ある生徒の「背伸び読書提出シート」と、それに対するほかの生徒からのコメントカードの例を紹介します。

●ある生徒の「背伸び読書提出シート」
1　今まで読んだ本の中で、印象に残っているもの
○小説・物語では？　…記載なし　○小説以外では？　…外山滋比古『思考の整理学』
2　自分の今までの読書をふり返って、どう感じましたか？
あまり多くの本を読んでいないと思った。
3　今まで読んできた本よりも、「背伸び」した本を読む。

○本の情報……三島由紀夫『金閣寺』新潮文庫　昭和三五年
○この本を選んだ理由……少し前の年代の作家の難解な文章を読んでみようと思ったから。
○読んでみた感想
「潮騒」も合わせて読んだが、比べて金閣寺はかなり難しかった。主人公の「美」に対する考え方の揺れ動きと、それに大きな影響を与える金閣の存在。足に障害を持った柏木の、確固たる美や人生への観念に触れるうち、金閣を焼かなければならないと考えるに至る「私」の心情の変化が迫力に満ちていた。放火の決行の前に、短刀と睡眠薬を買い、死のうとしていたのに、なぜいざ放火した後にそれらを投げ捨て「生きようと思った」のか、疑問に思った。

⇒

●班の生徒からこの生徒への「コメントカード」
日頃読書習慣のなかった人が三島由紀夫に挑戦したのは、けっこうな背伸びだなと思いました。その辺の時代の文章だけではなくて、最近の作家の文章も読んでほしいです。三島由紀夫の作品に比べれば簡単な文章ではあるものの、『十二国記』というシリーズ作品は、若干堅めの文章で独特の世界観が描かれていて面白いのでぜひ読んでほしいです。

この生徒は、「印象に残った小説・物語」には一作も書けなかったのに、三島由紀夫の作品にチャレンジし、それを報告しています。班員は、その「背伸び」を評価するとともに、お勧めの作品を紹介しています。昔の高校生でしたら、こうした会話を、休み時間や放課後に普通に行い、自発的に背伸び読書を行っていたのではないでしょうか。一九五五年に行われた「学校読書調査」では、五月の一か月間に一冊も本を読まなかった高校生は三・七％しかいませんでした[3]（二〇二三年は四三・五％）。しかし、現在では、まず授業の中で「背伸び読書」への助走を行わせることが、必要になってきていると感じます。

また、生徒の記述から、大人による読書刺激の大切さも感じました。前述のプリント「『背伸び読書』のスズメ」も選書のヒントに使われていましたが、それだけではなく、父母や祖父母に紹介された本を読んだという生徒も多かったのです。さらに、次のように、国語以外の教師からの勧めが読書のきっかけになった生徒もいました。

今回三島由紀夫の作品を選んだ理由は、現代社会の授業中にM先生が「三島由紀夫って、私も読んだことがあるけど、非常に頭のいい文章を書くんだよなー。ぜひ読んでみるべきだよ。」とおっしゃっていたことを、図書館で本を選ぶときに思い出したからです。

この先生は授業で「プライバシー裁判[4]」の判例を説明する際に三島由紀夫の作品を例に出し、その文章のすごさを紹介してくれたのです。このように、生徒に読書習慣をつけるためには、教師自身がよい読書家であり、折に触れて生徒に本を紹介することが大切だと認識しました。

○ここで、これを評価する（形成的評価は省略　レシピ表内の記述参照）

・「背伸び読書提出シート」（振り返り・選書）記録に残す評価【主体的に学習に取り組む態度】

ワークシートの記述から、自らの読書生活を振り返り、それをより良いものにしようとしていることや、その考えが選書に生かされていることを見取ります。

・「背伸び読書提出シート」（本の感想）記録に残す評価【読むこと】

読んだ本の解釈を踏まえて、自分のものの見方、感じ方、考え方を深めているかを見取ります。

3【甘口のレシピ】三十人の読みくらべ（4・5時間）

「三十人の読みくらべ」は、授業で読んだ小説とどこかに共通点があるような短編小説を、一人一作ずつ担当して読み、その内容をグループ内で発表し合う活動です。指導者が作品のコピーを渡し、授業中に読書時間を確保するこのレシピは、読書を苦手とする生徒や、自分の家で落ち着いて本が読める環境をもたない生徒が多い教室での実施に適しています。

○用意するもの（詳細は後述）

・一人ずつ異なった小説のコピー
・比べ読みシート
・フリップ作成用のＢ４用紙、貸与用サインペン

○支援の手順

i 下ごしらえ――「読みくらべ元」となる小説を読む（前の単元として実施）

学習者の実態をもとに、共通して読ませたい作品を選定します。筆者は山田詠美「海の方の子」を選びました。この小説は、転校が多いために人より早く精神的に成長していた私と、片目が義眼であることを可哀想だと思われるのが嫌で周りを拒絶していた少年との出会いを描いた作品です。転校やクラスメイトの家への訪問などの身近な出来事を題材としており、表現も読みやすいものであること、それでいて、非日常的な感覚を読み手に与えること、「他者」との出会いによる主人公の心の変容を描いており、同様のテーマの作品を選びやすいことなどが、この作品を教材とした理由です。

ii 単元のねらいの説明例（口頭）

この間○○さんに、「先生の好みのタイプってどんな人？」と聞かれたんだけど、どんな人だと思う？　私の理想の人は、「いつも読みかけの本がカバンに入っているような人」です。

本を読んでいる人の話は、いつも面白くて、毎日話しても飽きません。まるで、その人自体がいつまでも読み終わらない本のようなんです。それから、本をよく読む人は、色々な面から物事を考えられます。話をよく聞かずにキレることもないし、困ったことが起こった時には、いろいろと考えてくれて頼りになります。本を読んでいる人って、素敵です。

みなさんも、本を沢山読んで、魅力的な人になってほしいと思っています。そこで、今回は、クラスの一人ひとりが違う作品を読んで、その内容を他の人に紹介する活動をします。

iii　あらすじの書き方の支援（0・5時間）

「海の方の子」を題材として、五〇字程度で小説のあらすじをまとめる練習を行いました。こうした作業が苦手な生徒のために、「計算して人と接することに慣れた女の子が」という書き出しを提示し、それに続く形で書いてもよいことにしました。

iv　一人ひとりに短編小説を割り当て、読むことを支援する（1時間）

この活動を行うためには、指導者自身が、いろいろな作品を知っていることが前提となります。筆者はこれまでに「生徒に読ませたい」と思ってストックしておいた作品を、その作品と相性がよさそうな生徒に割り当てました。実施した高校は三十人学級だったので、クラスに三十作を割り当てました。選んだ小説の例を少しあげます（タイトルに添えたあらすじは、その作品を読んだ生徒によるものです）。

・重松清「あいあい傘」…ひとりの女の子が、雨の日に傘の中に入ってきた五人の女子のために出て、車にはねられて入院し、その出来事を友達のせいにしたため、学校では嫌われてしまうんですが、大縄大会をきっかけに心を開いていく、という話です。

・石田衣良「びっくりプレゼント」…十四歳の四人の少年たち。そのうちの一人は「ウェルナー症候群」という病気にかかっている。そして四人が「ウェルナー症候群」について向き合い、学び、ともに成長していく。
・山田詠美「○をつけよ」…主人公の男の子の意見と、考えが堅い佐藤先生の意見が食い違って討論を繰り返していきます。出てくる言葉はとても豊かで、最終的には主人公も大事なことに気づいていきます。

読み始める前に、「読む」ことが苦手な生徒には、指やシャープペンシルの先などで文字を追うようにして読み始めるように指示しました（この方法を実行した生徒はクラスに三～四名いました。ほとんどの生徒が、数ページ読んだあと、指を離して読めるようになりました）。教室には国語辞典を数冊用意して、利用させるとともに、生徒の様子を見て、読むことに困難を感じている生徒にはその都度アドバイスをしました。

v 読みくらべカードと発表用フリップ作成の支援（2時間）

「読みくらべカード」（次ページ）には、「あらすじ」「比べる作品」「似ているところ」「違うところ」「どちらの方が好き？ その理由も含めて書いてください」という項目を設けました。

発表用の資料はＢ４サイズの紙４～５枚に、作品を紹介するためのキーワードや、作品中の一節などを貸与した太めの水性ペンで書くものにしました。

生徒の活動の様子をみて、明らかな誤読や読み落としが見取れる場合には、指導者から疑問点を提示して、該当箇所の読み直しを促し、よりよい発表ができるように支援します。

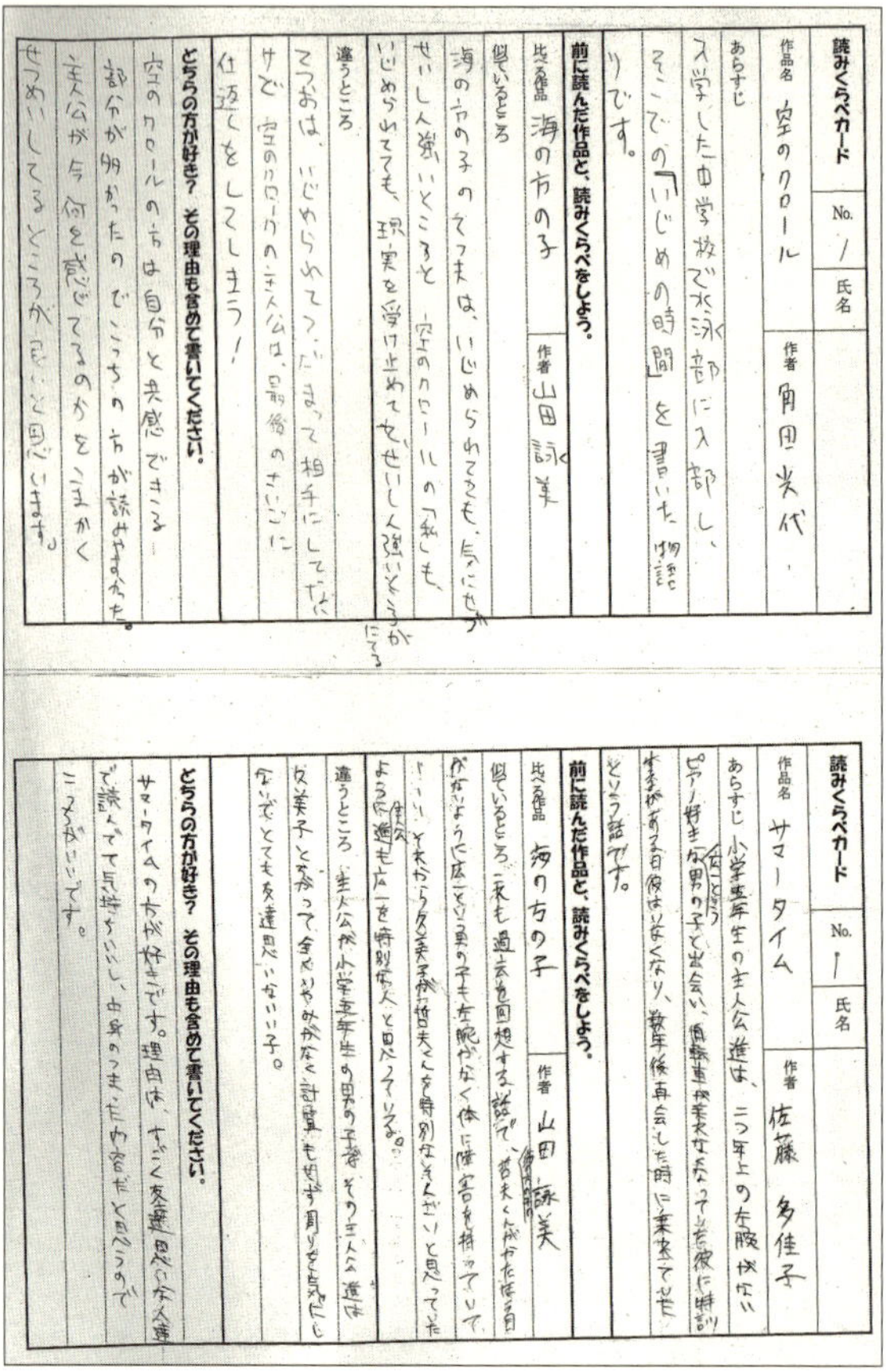
読みくらべカード
No. 1
氏名
作品名 空のクロール
作者 角田光代
あらすじ
入学した中学校で水泳部に入部し、
そこでの「いじめの時間」を書いた物語
りです。
前に読んだ作品と、読みくらべをしよう。
比べる作品 海の方の子
作者 山田詠美
似ているところ
海の方の子のそつまは、いじめられてても、気にせず
せいしん強いところと空のクロールの「私」も、
いじめられてても、現実を受け止めてせいしん強いところがにてる
違うところ
そつおは、いじめられてつ、だまって相手にしてないけど、空のクロークの主人公は、最後のさいごに
仕返しをしてしまう!
どちらの方が好き? その理由も含めて書いてください。
空のクロールの方は自分と共感できる
部分が分かったので、こっちの方が読みやすかった。
主人公が今何を感じてるのかをこまかく
せつめいしてるところが良いと思います。
読みくらべカード
No. 1
氏名
作品名 サマータイム
作者 佐藤多佳子
あらすじ
ピアノ好きな男の子と出会い、
という話です。
前に読んだ作品と、読みくらべをしよう。
比べる作品 海の方の子
作者 山田詠美
似ているところ
違うところ
女美子とちがって全然いやみがなく
ないでとても友達思いないい子。
どちらの方が好き? その理由も含めて書いてください。
サマータイムの方が好きです。
ころがいいです。

読みくらべカード

vi　ブックトークの支援（1時間）

六名ずつのグループに分かれて、自分の読んだ作品を紹介します。一人ひとりの発表と質問を含めた時間はおおむね6分ですが、スムーズに言葉が出てこない生徒もいる教室では、ゆるやかな時間設定にするとよいと思います。聞き手には、発表を聞いて疑問に思うところは自由に質問をするように指示します。

発表が全て終わったところで、班で発表された作品の中から、「自分が読んでみたいと思った作品」を選び、その理由をワークシート（下図）に書かせて回収します。

後に、全員が読んだ本と、生徒が書いたあらすじ（→214ページ）を一覧表にして生徒に配布し、読書活動の継続を支援します。

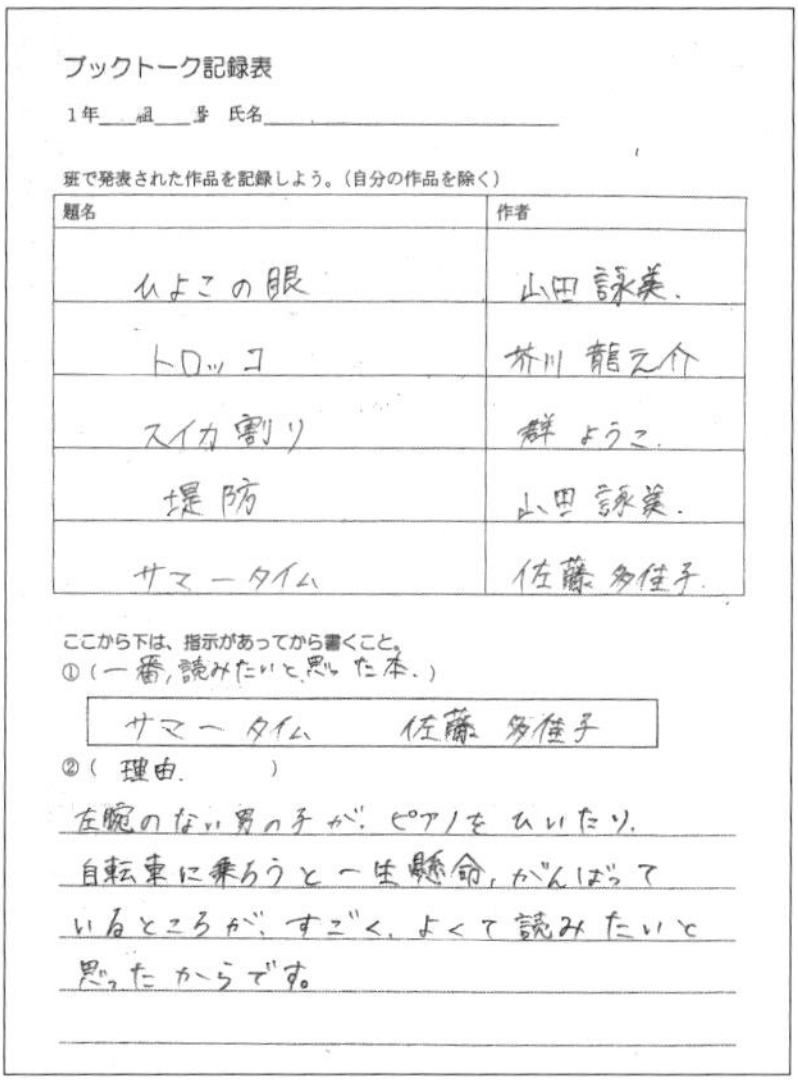

ブックトーク記録表

1年＿組＿番　氏名＿＿＿＿＿

班で発表された作品を記録しよう。（自分の作品を除く）

題名	作者
ひよこの眼	山田詠美
トロッコ	芥川龍之介
スイカ割り	群ようこ
堤防	山田詠美
サマータイム	佐藤多佳子

ここから下は、指示があってから書くこと。

①（一番、読みたいと思った本。）

サマータイム　佐藤多佳子

②（理由）

左腕のない男の子が、ピアノをひいたり、自転車に乗ろうと一生懸命、がんばっているところが、すごく、よくて読みたいと思ったからです。

ブックトーク記録表

○ここで、これを評価する（形成的評価は省略）

・「読みくらべカード」　記録に残す評価　【読むこと】

読んだ本の内容や解釈を踏まえて、自分の考えを深めているかを、「あらすじ」「比べる作品」「似ているところ」「違うところ」「どちらの方が好き？　その理由も含めて書いてください」の記述から見取ります。

・活動の様子（観察）［記録に残す評価］【主体的に学習に取り組む評価】

作品を自分の力で理解し、自分が感じたことを説明することを目指して、工夫をしたり、辞書や指導者の助けを借りたりして、活動をやり遂げようとしているかを見取ります。

☑「読書習慣のためのレシピ」言語活動のポイント

1 「背伸び読書」や「読みくらべ」のように、テーマをもたせる。
2 読書行動がその後も継続されていくような工夫を行う。
3 指導者自身が読書習慣をもつ。

1　全国学校図書館協議会「『学校読書調査』の結果」（「SLA」（https://www.j-sla.or.jp/material/research/dokusyotyousa.html）
2　「本に付箋を貼らないで『恐怖写真』ネットで反響」毎日新聞　神奈川版　二〇一八年六月十八日記事。
3　『学校読書調査の二五年　あすの読書教育を考える』毎日新聞社　一九八〇年。
4　元外務大臣有田八郎が、三島由紀夫の小説『宴のあと』によりプライバシーを侵害されたとして謝罪広告と損害賠償を請求した裁判。

8　古典に親しむレシピ集

本節では、古典に親しむ心を育てるための言語活動のレシピを六つ紹介します。その中には、長い活動もあれば、一時間でできる短いものもあります。短いレシピは、単元のなかに組み入れて利用するもので、活動単体では「記録に残す評価」をつけない場合も多いと考えられます。したがって、本節では、「記録に残す評価の〝可能性〟」として、評価の方法を例として示す形にしました。

1【中辛】恋の歌を配列する（1時間）

C「読むこと」を学ぶ原動力としての「書く」活動

勅撰集の和歌のうちの何首かを、意図をもって配列し、それぞれの和歌に見出しをつける活動です。

○身につけさせたい力――「読むこと」考えの形成／「知識及び技能」和歌の修辞

この活動によって学習者に期待することは、必要に応じて文法や語句、和歌の修辞に関する知識を活用しながら、作品や文章に表れているものの見方、感じ方、考え方を捉え、内容を解釈する力をつけることです。

○用意するもの（詳細は後述）

・活動のねらいを説明するためのスライド
・ワークシート（一人一枚）
・恋の歌を一首ずつ書いたカード（A4縦1／3サイズ・各班一セット）
・並べ替えた歌を貼り付けて説明を書き加えるためのA3用紙（各班一枚）
・付箋紙（各班に二〇枚程度）

○支援の詳細

i　活動のねらいの説明例（スライドを併用した口頭説明）

田渕句美子氏は著書『百人一首』において、

もともとは歌それぞれに固有の詠歌事情があり、別々の時や場で別々の歌人によって詠まれたものなのだが、勅撰集では、和歌の配列―つまり編集―によって、和歌に流れる幾筋もの動脈、つまり時間の進行、空間の移動、心や主体の動き、音・声や香りの感覚、歌ことばのイメージ、歌の骨格や趣向、背後にある古典作品、その歌人の軌跡などのいくつかを、ことばを接着剤にして、網の目のように連鎖的につないで、コラージュ的手法で読者の知識や和歌的想像力に訴えかけ、ある流れや物語、世界などを次々に描き出していく。そこでは、元の歌の意味が変質したり、別の文脈に転ずることさえもしばしばおこる。[1]（この引用部分をスライドで示す）

と述べています。

つまり、和歌集の和歌の配列は、編者の「作品」であり、私たちも、和歌の配列を編集することによって、和歌のつながりが作り出す世界を演出することができるのです。この単元では、「恋の歌」を「恋の経過（時間の進行）」に従って並べ替える、という活動を行います。

もちろん、和歌の意味を全く無視して並べてしまっては、何の味わいもありません。文法や和歌の修辞や言葉の意味を理解しつつ、解釈の幅を楽しんでこそ、編集のおもしろさがあります。

この活動は、和歌の配列を工夫するなかで、作品や文章に表れているものの見方、感じ方、考え方を捉え、内容を解釈する力を身につけることをねらいとしています。

ii ワークシートの内容

資料として、『古今和歌集』の「春」の部の和歌の並び順を示して、「時間の進行」という配列原理を理解させます。和歌の上の数字は歌番号です。「春」の部には134首もの和歌が並んでおり、続き番号の和歌では、時期の差がわかりにくいため、番号を飛ばして、季節の流れを理解しやすいように歌を選び、下に、時期を示す見出しをつけました。この「資料」によって「時間の進行」という、今回の課題となる配列原理を理解させた上で、課題を提示します。

●資料　時間の進行に即した歌の配列（春）

21 君がため春の野に出でて若菜摘むわが衣手に雪は降りつつ　春のはじまり
42 人はいさ心も知らずふるさとは花ぞ昔の香ににほひける　梅が咲く
（※42の「花」は梅を指す。梅といえば香りを詠む）
48 散りぬとも香をだにのこせ梅の花恋しき時の思ひ出にせむ　梅が散る
49 今年より春知りそむる桜花散るといふことはならはざらなむ　桜の開花
53 世の中にたえて桜のなかりせば春の心はのどけからまし　散る不安
89 桜花散りぬる風のなごりには水なき空に波ぞ立ちける　春の終わり

●課題　後の①～⑤の「恋」の歌を時間の進行にしたがって並べ、概要を記しなさい。なお、あえて秋の歌を多く入れているが、恋の進行と季節の進行とは関係ないので注意すること。

番号（　　）概要（　　　　　　　　　　　　　　　　　　）

←番号（　　）概要（　　　　　　　　　　　　　　　　　　）

←番号（　　）概要（　　　　　　　　　　　　　　　　　　）

←番号（　　）概要（　　　　　　　　　　　　　　　　　　）

←番号（　　）概要（　　　　　　　　　　　　　　　　　　）

①秋の夜も名のみなりけり逢ふといへばことぞともなく明けぬるものを
②秋といへばよそにぞ聞きしあだ人のわれを古せる名にこそありけれ
③手もふれで月日へにける白真弓おきふし夜はいこそ寝られね
④今来むと言ひしばかりに長月の有明の月を待ち出でつるかな
⑤秋の野の尾花にまじり咲く花の色にや恋ひぬあふよしをなみ

ここで生徒に次の二点について注意を与え、活動の主旨を理解させます。

・以上の五首は、いずれも異なった詠み手が、異なった状況において詠んだものであり、一人の作者による連作ではないこと。
・『古今和歌集』での並び順を当てることが目的ではないこと。

iii　話合いの支援

四～五名のグループを編成し、「恋」の歌が一首ずつ書かれた用紙（A４縦１／３サイズ）と、それらを並べて貼り付けるためのA３用紙を配布します。

学習者は、和歌カードに、各自が調べたり考えたりしたことを付箋紙で貼り、それをもとに和歌の解釈をグループで検討します。和歌の解釈と、配列が出来上がったら、A３用紙に、「和歌カード」を恋の進行順に貼り、見出しをつけます。

指導者は、学習者の活動の様子をみながら、たとえば、次のような助言をします。

「五首の和歌は、すべて違う作者によるもので、これらの歌は連作ではありません。」
「秋に関わる歌を並べましたが、季節の進行は、今回の配列とは関係ありません。」
「五七五七七のリズムで読んでみたあとに、意味上の区切れ目がどこにあるか考えるとよいでしょう。」
「序詞、掛詞などの和歌の修辞については便覧の○ページを見てください。」

ⅳ　共有の支援

グループ同士のペア（1班と3班など）を指定して、二つのグループ内で、互いの配列とその理由を発表し合わせます。指導者は活動の様子を見て、解釈が分かれるポイントを見取り、後に解説を行います。

押さえるべき文法・語法上のポイントについては、気づいている生徒に説明をさせたり、文法書で調べさせたりして、学習者が自分たちの力で発見したり納得したりできるように支援します。また、押さえるべきポイントが理解されていれば、自由に配列できることに気づかせるように説明します。

ⅴ　生徒の作品より

⑤秋の野の尾花にまじり咲く花の色にや恋ひぬあふよしをなみ（あなたを恋しいと思わない日はない）
①秋の夜も名のみなりけり逢ふといへばことぞともなく明けぬるものを（今夜あなたと会う）
③手もふれで月日へにける白真弓おきふし夜はいこそ寝られね（手がふれて今夜は寝れない）
④今来むと言ひしばかりに長月の有明の月を待ち出でつるかな（「来る」と言った人は今日も来ない）
②秋といへばよそにぞ聞きしあだ人のわれを古せる名にこそありけれ（別れたあなたを思う）

この班は、③「手もふれで」の「で」（ナイデ）の解釈に課題がありますが、その他の歌の意味は概ね取れています。

なお、この五首は①632小野小町・②824よみ人知らず・③605紀貫之・④691素性法師・⑤497よみ人知らずで、『古今和歌集』内では⑤→③→①→④→②の順に並べられています。

生徒作品の並びは『古今和歌集』の順番とは違いますが、③「手もふれで…」の歌を「あなたが私に飽きて手も触れてくれなくなって月日が経つ、悲しみで眠れない」と解釈すれば、この順番で物語は成立します。③の歌は「まだ手もふれていない」として恋の始まりに配置しても、「手もふれてくれなくなった」と恋の終りに配置しても成立するので、多様な解釈を学ぶためのよい教材といえます。

また、④「今来むと…」を恋が成就する前のすれ違いのように解釈するなど、さまざまな「恋の進行」の可能性にも気づかせたいところです。

○「記録に残す評価」の可能性

個人の活動を評価したい場合は、グループ活動の後に、配列した和歌による「歌物語」を現代語で作成させて、「読むこと」の力（作品の内容を解釈する力）を評価するなどの方法が考えられます。

② 【中辛】和歌の選定理由を考える（『平家物語』）（1時間）

C「読むこと」を学ぶ原動力としての「書く」活動

『平家物語』の「忠度の都落ち」の場面を教材とし、俊成が『千載和歌集』に入れる薩摩守忠度の和歌として、「さざ波や志賀の都はあれにしを昔ながらの山ざくらかな」を選んだ理由を考えて記述する活動です。

●参考『平家物語』「忠度の都落ち」の概要
平家一門が都落ちしていくなか、薩摩守忠度が五騎の侍を連れて引き返す。そして、和歌の師匠であった俊成の屋敷に行き、自作の和歌百余首が書かれた巻物を託し、勅撰集に一首入れてほしいと頼む。平家滅亡の後に成った『千載和歌集』には「よみ人知らず」として「さざなみや」の歌が載る。

○身につけさせたい力――「読むこと」考えの形成・共有／「知識及び技能」歴史・文化の理解
この活動によって学習者に期待することは、作品の歴史的・文化的背景を理解しながら、選ばれた和歌を解釈し、作品の価値について考察する力をつけることです。

○用意するもの（詳細は後述）
・ワークシート

○支援の詳細
ⅰ下ごしらえ――話の概要をつかむ
活動に先立って、本文の読解を行い、忠度がおかれた状況や、俊成との関係などを理解させます。

現代語訳を使用してもよいでしょう。

ⅱ　勅撰和歌集や「よみ人知らず」について理解させる。

『千載和歌集』の成立時期、歌数、下命者、撰者などの情報や、勅撰和歌集に歌が選ばれることの社会的意味、「よみ人知らず」となる理由などについて理解させます。学習者に資料集やインターネット検索によって調べて発表させ、指導者が補足説明するなどの形を取ってもよいでしょう。

ⅲ　俊成が数ある歌から「さざなみや」の歌を選んだ理由を、解釈させる。（グループワーク）

●課題　俊成が数ある歌から「さざなみや」の歌を選んだ理由を、本文の内容や、歴史的背景と結びつけて解釈し、答えなさい。

ワークシートに示したこの課題は、「志賀の都はあれにしを」と「昔ながらの山ざくら」の二カ所について、本文の内容や、歴史的背景と結び付けて解釈することを期待した課題です。そうした学びが行われるためには、

・「さざなみや」が枕詞であること
・「志賀の都」が滋賀県大津市に置かれた天智天皇の都であり、六七二年に壬申の乱で焼亡した大

津京であるということ

の二つの点を理解させておくことが必要です。これらの情報は、教科書教材の場合は脚注などで確認させ、自主教材の場合は教師が補うとよいでしょう。

また、実際の選歌事情を究明するということではなく、あくまで、本文の内容と「さざなみや」の歌を結びつけた解釈ができることを、活動のめあてとさせます。[2]

iv 生徒の作品より

生徒の解釈として、次のア〜ウのようなものがありました。波線は、「志賀の都はあれにしを」の解釈、傍線は「昔ながらの山ざくら」の解釈に付しました。

ア 旧都が荒廃してもそこにある山桜の美しさは衰えなかったように、平家が朝敵となり落ちぶれたとしても、そこに所属していた忠度の高貴さ、優秀さは変わらないことを暗示している。

イ 「志賀の都は荒れにしを」のところで、「世の中がどれだけ変化しても」という意をしめし、「昔ながらの山桜かな」で「山桜のように、昔のまま残っているものもある」の意を込めて、この先も永遠に、変わらない気持ちや友情があることを伝えている。つまりは俊成と忠度の関係は永遠だということを伝えたいから。

ウ 忠度が、危ないなか最期に俊成の元へ訪れたため、戦争が起こっていても、和歌を愛する気持ちを忘れない忠度の心が戦禍に咲く花のように思えたから。

「滋賀の都はあれにしを」を、平家の滅亡と関連させる読みは、おおむねどの生徒も共通していましたが、「昔ながらの山ざくら」については、アの「平家が滅亡しても変わらぬ忠度の高貴さ」という解釈、イの「俊成と忠度との変わらぬ関係」という解釈など、さまざまなバリエーションが見られました。また、ウのように、俊成のもとに現れた忠度の心そのものを「花のよう」とする解釈には、二人の対面の場面が浮かび上がります。これらの解釈はともに、作品の歴史的・文化的背景を理解したものであると評価できます。

○「記録に残す評価」の可能性

和歌の選定理由の記述から、「志賀の都はあれにしを」および「昔ながらの山ざくら」を、本文の内容や歴史的背景に即して適切に解釈できているかを「読むこと」（作品の解釈）の力として評価する等の方法が考えられます。

③【中辛】今日の一首（毎回5分程度）　B「読むこと」自体の力をつけるための「話す・聞く」活動

「今日の一首」と題したプリントを使用して、和歌の解釈をペアワークで行います。授業の冒頭あるいは最後の五分に行なう活動を連続して、あるいは断続的に行います。

○身につけたい力――「読むこと」精査・解釈

この活動によって学習者に期待することは、和歌の内容や解釈を自分の知見と結び付けて、考えを広げたり深めたりする力をつけることです。

○用意するもの（詳細は後述）

・ワークシート

○支援の詳細

ⅰ　活動のねらいの説明（初回の説明例）

今日から毎時間一首ずつ、和歌を読み、その意味を考える活動をします。和歌の解釈は難しいですが、毎時間習慣のようにして連続して行っていくと、だんだん勘がつかめてくるものです。では、やってみましょう。

ⅱ　和歌一首に、問いを付したワークシートを配布する

「問い」は文法や修辞を問うものではなく、内容を問うものにします。文法や修辞は内容を解釈す

る中で学ばせるようにし、必要に応じて解説します。

●ワークシートの例

次の和歌は、「逢不レ逢恋」（逢ひて逢はざる恋）、つまり、「一度は逢って恋が成就したものの、もう逢えなくなった恋」という題詠（決められた題に沿って歌を作ること）として、藤原定家が詠んだものです。

忘れぬやさは忘れけるわが心夢になせとぞいひて別れし（『皇后宮大輔百首』）

問　この歌の主人公は、恋人のことを忘れたのだろうか、忘れていないのだろうか？

iii　交流の支援

個人思考（2分）、ペアワークで共有（2分）、教師による解説（1分）というサイクルを毎回繰り返します。

○「記録に残す評価」の可能性

五分ほどの活動なので、基本的には記録に残す評価は行わず、定期テストなどで評価します。この活動を材料にして記録に残す評価をする場合は、ある程度プリントの量がまとまったところで、一番心に残った歌についての文章を書かせて、その内容を「読むこと」（考えの形成）の力として評価するなどの方法が考えられます。

④【甘口】百人一首の和歌を現代短歌に翻案する（2時間）

C「読むこと」を学ぶ原動力としての「書く」活動

百人一首の和歌のうち一首について、資料をもとに解釈や背景知識を調べた後に、わかりやすく工夫した現代語訳と翻案短歌を作成する活動です。

○身につけさせたい力──「読むこと」考えの形成

この活動によって学習者に期待することは、和歌を現代短歌に翻案する活動を通して、作品の内容や解釈を自分の知見と結び付け、考えを広げたり深めたりする力をつけることです。

○用意するもの（詳細は後述）

・百人一首に関する資料
・活動の手引き
・ワークシート

○支援の詳細

ⅰ 活動のねらいの説明例（口頭）

これから、百人一首の歌のなかから一つずつを分担して、わかりやすい訳を工夫したり、現代の短歌に書き換えたりする活動を行います。百人一首の歌は、その多くが千年以上も前に作られていて、とても昔のものです。ですから、ただ、資料集などに載っている「解釈」を見ただけでは、ピンと来ないこともあると思います。一人ひとりが、自分が分担した和歌について、現代語訳を工夫し、また、現代風の短歌に書き換えることで、みんなが百人一首の和歌の意味を実感できるようになると思います。作品は廊下に貼りだしますので、みんなにわかりやすいものを作ってください。

ⅱ 担当和歌の決定

・百人一首の歌と解釈などが一覧できる資料（「便覧」等を購入させていればそれを使用する。なければ教員がプリントを作る）をもとに、第五希望くらいまで「担当したい歌」を考えさせる。十五～二十分くらい、じっくり考えさせる。

・黒板に1～100までのマス目が書かれた模造紙などを貼り、担当したい歌番号の所に名前を書く。希望がぶつかった場合は、自主的に他のマス目に移ってもよいし、そのままでもよい。ある程度の時間制限をして、その時点で希望者が一名のマスは決定として、赤い○などをつける。希望が重なったマスについては、じゃんけんをして、負けた方が空いているマスに移る。

・次の時間に生徒それぞれに資料を渡す。例えば『原色小倉百人一首』（文英堂　二〇一四年）、『百人一首（全）』（角川ソフィア文庫　二〇一〇年）の、それぞれの担当和歌のページのコピーなど。

iii　活動の手引き

1　自分の分担する和歌の現代語訳を書く。

「現代語訳」は、資料に書かれた現代語訳をそのまま写すのではなく、自分やクラスのみんなが理解しやすい表現に書き換えること。

2　資料集で調べたことのうち、重要と思われるものを選んで「予備知識」の欄に書く。

3　百人一首の和歌を、短歌に書き換える。

百人一首が伝えている心情は、現代ではどのように表現できるかを考え、そのアイデアをもとに短歌を現代語で作成する。現代の短歌がそうであるように、一部に「けり」、「や」などの文語的表現を用いてもよい。

iv　生徒の作品より

次ページの生徒作品「稲の小屋すきまだらけで露が落ち袖が濡れすぎまじへこむっス」は、「秋の田の…」に表現された、粗末な仮小屋で夜露に濡れながら見張りをする農民の悲哀が、現代の若者にもわかりやすい形で書き換えられています。特に「袖が濡れすぎまじへこむっス」という口語的表現は、このレシピを実践した高校の生徒たちの多くが、暮らしを支えるためにアルバイトをしていたことと重ね合わせると、彼らの労働の実感を伝える歌のように、筆者には感じられました。

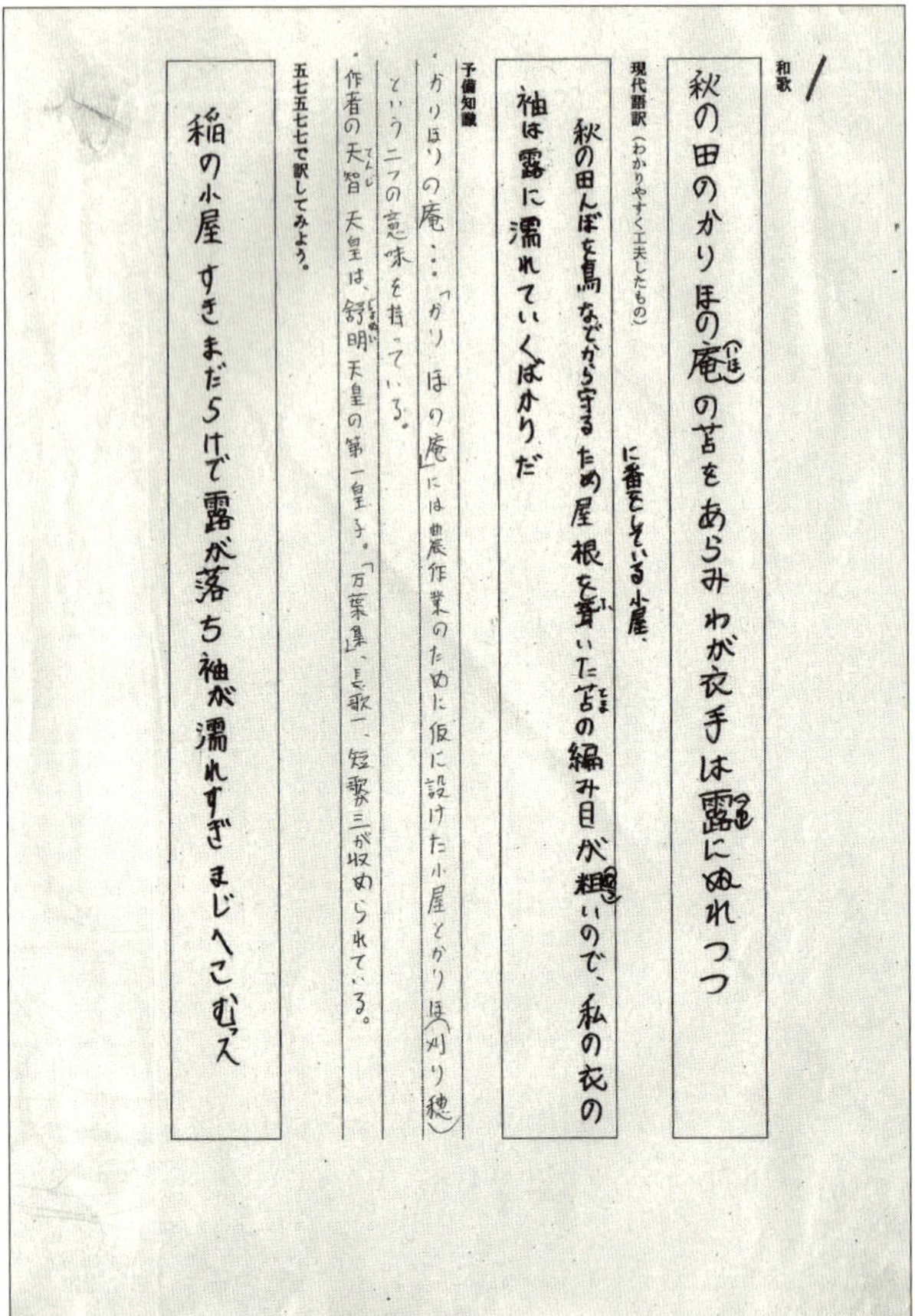
和歌

秋の田のかりほの庵《いほ》の苫をあらみ わが衣手は露《つゆ》にぬれつつ

現代語訳（わかりやすく工夫したもの）

秋の田んぼを鳥などから守るために番をしている小屋、屋根を葺いた苫《とま》の編み目が粗《あら》いので、私の衣の袖は露に濡れていくばかりだ

予備知識

・かりほの庵…「かりほの庵」には農作業のために仮に設けた小屋とかりほ（刈り穂）という二つの意味を持っている。

・作者の天智《てんじ》天皇は、舒明《じょめい》天皇の第一皇子。「万葉集」に長歌一、短歌三が収められている。

五七五七七で訳してみよう。

稲の小屋 すきまだらけで 露が落ち 袖が濡れすぎ まじへこむっス

生徒作品

○「記録に残す評価」の可能性

提出された作品をもとに、作品の内容や解釈を自分の知見と結び付け、考えを広げたり深めたりできているかを「読むこと」（作品の解釈）の力として評価する方法が考えられます。

5【中辛】登場人物の日記を書く（読解を含めず1時間）

C「読むこと」を学ぶ原動力としての「書く」活動

古典作品に登場する人物による、作中のある一日の日記を、心情を想像して書く活動です。教材は、一つの場面に複数の人物が登場するものを選び、グループで、一人ずつ別の人物の日記を担当します。グループ内でそれぞれの日記を共有した後に、それらを総合して、「この作品に表れた物の考え方について」の自分の意見を記述します。

○身につけさせたい力――「読むこと」考えの形成・共有／「知識及び技能」歴史・文化の理解

この活動によって学習者に期待することは、作品の歴史的・文化的背景や作品の解釈を踏まえて、自分のものの見方、感じ方、考え方を深めることです。

○用意するもの（詳細は後述）

・教材文

・ワークシート

○支援の詳細（教材例…『源氏物語』「桐壺」巻の冒頭部）

ⅰ　活動のねらいの説明

※前項「身につけさせたい力」参照。

ⅱ　分担の指定

四人グループの座席の配置によって、次のように分担を指示する。

A　帝の日記

B　桐壺更衣の日記

C　右大臣の女御（弘徽殿の女御）の日記

D　上達部その一の日記（「上達部、上人なども…」のうちの一人）

D	A
C	B

ⅲ　ワークシートの内容

課題1　授業中に指示された登場人物の日記を書きなさい。その際、本文○～○ページから読み取った情報を使い、その上で想像も交えて書くこと。

内容は、

①今日、どのようなことがあったか。
②そのことについてどう感じたか。
③今後どうしようと思っているか。
の三点について必ず触れること。

（　　　）の日記（日記を書くスペース）

課題2（グループ発表の後に書く）この作品からどのような考え方を読み取り、それについてあなたがどう考えたかを書きなさい。

ⅳ　日記作成の支援

作業の様子を見て、書いている「日記」の内容が、本文の記述や、文化的背景と矛盾がある場合には助言を行います。

たとえば、帝の日記として「今日、桐壺ちゃんが産んだ赤ちゃんを見に行った。」という記述があった場合には、「〇行目の『急ぎ参らせてご覧ずるに』と矛盾していないかな？　便覧〇ページの『貴族の一生』も参考になりますよ。」などと助言します。

ⅴ　交流の支援

生徒はグループ内で、一人ずつ書いた日記を口頭発表します。その際、聞き手は、本文や文化的背景と矛盾があるように感じた時には、質問をし、グループ内で内容を検討するように指示します。

ⅵ 作品についての自分の考えをもつための支援

自分の考えを記す際には、「作品の背景にどのような考え方があるのか」「登場人物の立場によって、その作品世界がどのように感じられるのか」を押さえた上で、「それに対して自分はどう考えるか」を書くように促します。事後に、日記や考察の優秀作をプリントにして共有します。

ⅶ 生徒の日記作品より

ア　右大臣の女御の日記

今日も桐壺の更衣が帝様から寵愛を受けていた。彼女が自身の里に病気で閉じこもってしまっても、帝様は彼女に会おうとしているし、世間が唐の楊貴妃のようだとうわさしている。身分の低い父もいないあの女が帝の愛を受けていることにはやっぱり納得できない。あんな、身分の低い女と帝はまったくつり合わないわ。あの女に嫌がらせして、帝からあいつを離してしまわないと。

イ　桐壺の更衣の日記

今日も帝に愛された。私のことが大好きみたい。気持ちはうれしいけどみんなの前でべたべたしすぎないでほしい。帝が私を好きすぎるせいで周りの目がきびしいいし、いじめられるんだ。だけどやっぱり愛されるのはうれしいな。

アは右大臣の女御（弘徽殿の女御）の、分不相応な寵愛を受けている桐壺更衣への反感を「やっぱり納得できない」と表現し、その後の嫌がらせの可能性を示唆しています。イは、「いとはしたなきこと多かれど、かたじけなき御心ばへのたぐひなきを頼みにてまじらひ給ふ」という桐壺更衣の心情を「帝が私を好きすぎるせいで周りの目がきびしいし、いじめられるんだ。だけどやっぱり愛されるのはうれしいな」と口語的に表現しています。いずれの日記からも、作品の背景や本文の表現に即して登場人物の心情を理解していることが見取れます。

○「記録に残す評価」の可能性

ワークシートを評価材として、作中人物の心情が、表現に即して読みとれているか、作品の歴史的・文化的背景や作品の解釈を踏まえて、自分のものの見方、感じ方、考え方を深めているかを「読むこと」（解釈・考えの形成）の力として見取る方法が考えられます。

⑥【中辛】歴史書に描かれた状況の変化を四コマの図にする（1時間）

B「読むこと」をより効果的に行うツールとしての「書く」活動

漢文による歴史書の、ある範囲に描かれた状況の変化を、四コマの図にして理解する活動です。『三国志』の「赤壁之戦」や『史記』の「背水の陣」などを教材にして、場面の展開をつかませるのに適しています。

○身につけさせたい力――「読むこと」構造と内容の把握

この活動によって学習者に期待することは、作品に描かれた状況の変化を四コマの図で表現することによって、構成や展開などを的確に捉える力をつけることです。

○用意するもの（詳細は後述）

・教材文（教科書教材など）
・ワークシート

○支援の詳細

ⅰ　活動のねらいの説明

※前項「身につけさせたい力」参照。

ⅱ　ワークシートの例（陳寿『三国志』「赤壁之戦」）

学習者には、テキスト（教科書等）のどこからどこまでを四コマ化の対象にするかを示します。そして、最初の一コマだけが書かれた四コマのワークシートを配布します。

ワークシート例では、「時に劉備曹公の破る所と為り、引きて南のかた江を渡らんと欲す。」を一コマ目として例示しています。

●『三国志』「赤壁之戦」四コマ化ワークシート

作業1　本文中の、人物を表す部分をすべて□で囲みなさい。

作業2　一コマ目の例を参考に、人物関係と動きを4コマに分けて整理しなさい。

（※2～4コマ目を書く枠）

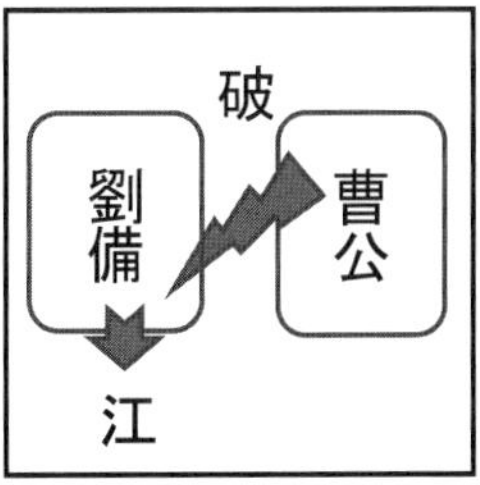

1コマ目の例

iii 活動の支援

本文のどの部分を二コマ目、三コマ目、四コマ目に該当させるかを、ペアワークで検討させます。その後、図に落とし込む作業は個人で行わせます。

iv 交流の支援

学習者は、四～五名のグループで、各自が作成した図を見せ、説明し合います。指導者は、次の時間に、数名の作品をスライドに投影して紹介します。

v 生徒の作品より

生徒の作品では、二コマ目は劉備と魯粛が当陽で会見した場面が書かれています。曹操打倒を企てる話の内容は、吹き出しの中に刀と、×印をつけられた「曹操」という字を書くことによって表されています。三コマ目は、夏口にいる劉備が諸葛亮を孫権のもとに派遣した場面が書かれています。四コマ目は孫権が周瑜と程普を劉備のもとに遣わしたのち、劉備軍と曹操軍が遭遇した場面です。二つの勢力が赤壁でぶつかり合ったことが、矢印と「at 赤壁」という言葉で表されています。

2

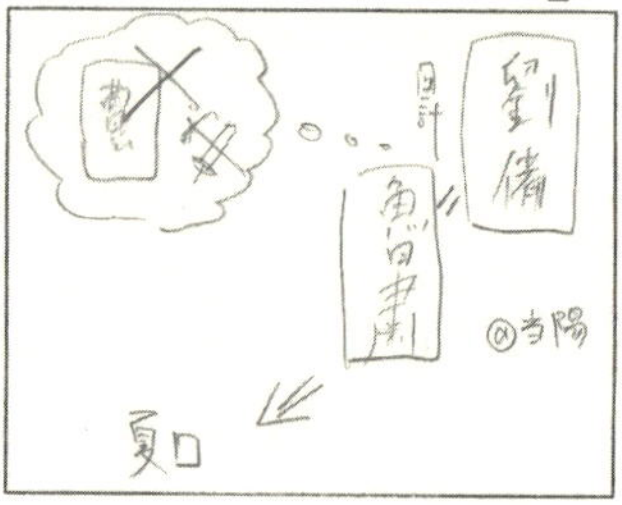

3

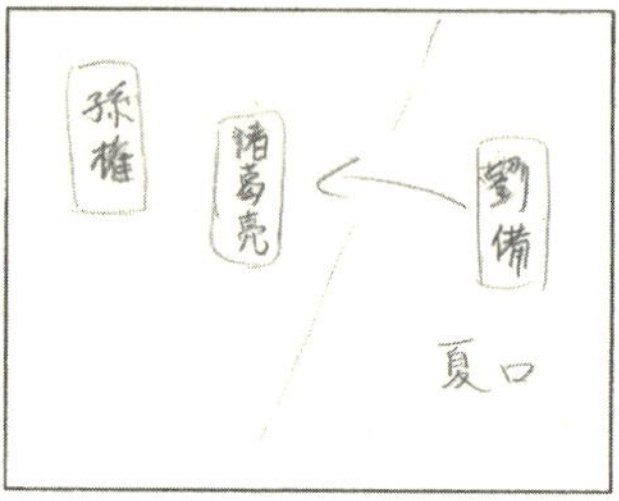

4

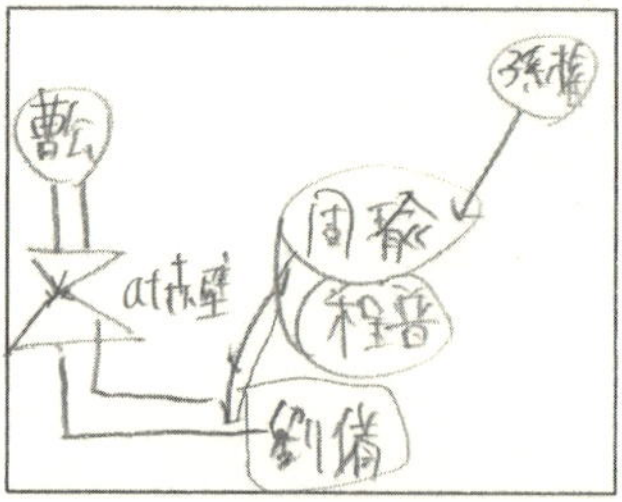

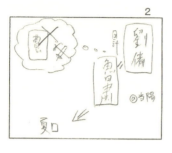

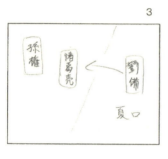

○「記録に残す評価」の可能性

作品を評価材として、「読むこと」（構成や展開の理解）の力を見取って記録に残す方法が考えられます。しかし、この活動は、学習者の理解しきれていない部分を可視化することに向いているので、記録に残す評価にするよりも、学習者の作品から勘違いを見取って再検討させたり、優秀作をスライド投影して全体の理解を深めさせたりするための、形成的評価として使うほうが効果的であると考えます。

☑「古典に親しむレシピ」言語活動のポイント

1 生徒が将来「古典を語れる人になる」ことを目指して授業を企画する

2 必要に応じて現代語訳や資料を用いて、わかりやすい教材を用意する。

3 まず文法ありきではなく、解釈するために文法を調べたくなるような発問をする。

1 田渕句美子『百人一首』岩波書店 二〇二四年 一五頁。

2 忠度の歌はその後『新勅撰和歌集』をはじめ、五つの勅撰集に十首入集している。それらの歌を紹介し、比較させてもよいが、俊成がそれら十首と「さざなみや」を比較したわけではない。そう考えると、この一首と本文の内容とを結びつけることに絞ったほうが、学習効果は高いと考えられる。

おわりに

旅先の小さな喫茶店で小耳にはさんだ、常連らしき女性と店主との会話。

「昨日シチュー作ったんだけど、うちのはすごく美味しいよ。肉と野菜を軽く炒めてから、牛乳だけでぐつぐつぐつぐつ煮るの。」「何の肉を使うの？」「鶏肉。生クリームも入れるのよ。」

なんて美味しそう！　作ってみよう！

わが家の食卓は、こうした「先行研究者」たちに支えられています。

我々が日々行っている授業も、他から得る「レシピ」に対する「面白そう！　やってみよう」が出発点になることがあります。筆者の授業の方法は、自分が読んだ教育理論や授業実践の本、見学した諸先生方の授業、そして小耳にはさんだ「こういう授業をやってみた」という情報に支えられています。本書も、どこかで、誰かによって行われる授業の、ささやかな一助になれたら幸いです。

この本の構想は、拙著『「現代の国語」はなぜ嫌われるのか』をお読みいただいた大修館書店から「うちからも本を出しませんか」という提案をいただいたことから始まりました。

筆者の大学院以来の師匠である府川源一郎先生は、研究会（「一人ひとりの言葉をつくり出す国語教育の会」＝旧「長編の会」）において、「自分の授業実践を本にまとめなさい」と、よく会員におっしゃっていました。また、筆者は自分の実践を「レシピ」という形で紹介したいという思いを永年持っていたので、そのことを伝えたところ、「それ以外に『心構え』的なことも書いてほしい」という注文がありました。それによって「理論編」を書くことになりました。書いてみると、たしかに授業レシピだけではなく、その基盤となる考え方が大切であることを実感しました。そして、本書が、府川先生が『国語教科書の近代史』をお出しになったのと同じ「大修館国語教育ライブラリー」のシリーズとして出ることは望外の喜びです。

Ⅰ・Ⅱ部の扉部分には、かつての教え子であるYume Sasaiさんが、かわいいイラストを描いてくださいました。ありがとうございます。本の中で教え子とコラボレーションできたことは、本当に嬉しいことです。この他にも、本書にあげた「生徒作品」を提供して下さったたくさんの生徒たちに感謝します。

本書の執筆にあたり、二年近くにわたって担当編集者の木村信之さんに、適切な提案やあたたかい励ましの言葉をいただきました。お陰で、なんとか書き継ぐことができました。深く御礼申し上げます。

二〇二五年三月

笠原　美保子

［著者略歴］

笠原美保子（かさはら・みほこ）
1964（昭和 39）年、横浜に生まれる。横浜国立大学教育学部、同大学院卒業。神奈川県立上郷高等学校、東金沢高等学校、金沢総合高等学校、田奈高等学校、光陵高等学校（横浜国立大学教育人間科学部非常勤講師兼職一年）を経て、現在、神奈川県立横浜翠嵐高等学校国語科教諭。
著書に『「現代の国語」はなぜ嫌われるのか――高校国語の歴史研究と実態調査が示す新たな可能性』（学而図書）、『認識力を育てる「書き換え学習」』（東洋館出版社、共著）、『もう一度読みたい日本の古典文学』（勉誠社、共著）、『高等学校真正の学び、授業の深み――授業の匠たちが提案するこれからの授業』（学事出版、共著）など。

〈大《たい》修《しゅう》館《かん》国《こく》語《ご》教《きょう》育《いく》ライブラリー〉
アレンジ自在《じざい》 国語科《こくごか》言語《げんご》活動《かつどう》の授業《じゅぎょう》レシピ

NDC375/viii, 247p/19cm

初版第 1 刷 ―― 2025 年 5 月 10 日

著者 ―――― 笠原《かさはら》美《み》保《ほ》子《こ》
発行者 ―――― 鈴木一行
発行所 ―――― 株式会社 大修館書店
〒113-8541 東京都文京区湯島 2-1-1
電話 03-3868-2651（営業部） 03-3868-2290（編集部）
振替 00190-7-40504
［出版情報］ https://www.taishukan.co.jp

装丁者 ―――― 園木彩
印刷所 ―――― 壮光舎印刷
製本所 ―――― ブロケード

◆本書の感想を
お寄せください。

ISBN978-4-469-22289-0 Printed in Japan